Grundwissen Produktion

SCHRIFTEN ZUR PRODUKTION
Herausgegeben von
Thomas Witte und Bernd Rieper

Band 5

PETER LANG
Frankfurt am Main · Berlin · Bern · Bruxelles · New York · Oxford · Wien

Bernd Rieper
Thomas Witte

Grundwissen Produktion
Produktions- und Kostentheorie

5., korrigierte Auflage

PETER LANG
Europäischer Verlag der Wissenschaften

Bibliografische Information Der Deutschen Bibliothek
Die Deutsche Bibliothek verzeichnet diese Publikation in der
Deutschen Nationalbibliografie; detaillierte bibliografische
Daten sind im Internet über <http://dnb.ddb.de> abrufbar.

ISSN 0178-0751
ISBN 3-631-53665-8
© Peter Lang GmbH
Europäischer Verlag der Wissenschaften
Frankfurt am Main 1992
5., korrigierte Auflage 2005
Alle Rechte vorbehalten.

Das Werk einschließlich aller seiner Teile ist urheberrechtlich
geschützt. Jede Verwertung außerhalb der engen Grenzen des
Urheberrechtsgesetzes ist ohne Zustimmung des Verlages
unzulässig und strafbar. Das gilt insbesondere für
Vervielfältigungen, Übersetzungen, Mikroverfilmungen und die
Einspeicherung und Verarbeitung in elektronischen Systemen.

www.peterlang.de

Vorwort

Bei der fünften Auflage wurden redaktionelle Fehler berichtigt.

Bernd Rieper
Thomas Witte Siegen und Osnabrück, im Dezember 2004

Vorwort zur vierten neubearbeiteten Auflage

Dieses Buch entstand ausgehend von einem Skript, das parallel zur Vorlesung Produktions- und Kostentheorie im Sommersemester 1990 an der Universität Osnabrück erstellt worden ist. Ausgangspunkt waren handschriftliche Notizen der beiden Autoren aus früheren Veranstaltungen. Da damals der Inhalt einer rigorosen Überprüfung unterzogen wurde, war ein Großteil des Lehrstoffes in dieser Form noch nicht in einführenden Lehrbüchern zu finden. Eine überarbeitete Version des Skriptes wurde dann in Siegen eingesetzt. Schließlich resultierte die Zusammenarbeit zwischen den Lehrstühlen für Produktionswirtschaft der Universitäten Osnabrück und Siegen in der ersten Auflage des Buches in 1992. Es hat sich jetzt als Unterlage für die einführenden Veranstaltungen des Grundstudiums in Siegen und Osnabrück mehrfach bewährt. Die 4. Auflage wurde vollständig überarbeitet. Insbesondere haben wir das 7. Kapitel zur Strukturierung von Fertigungsdaten neu konzipiert. Außerdem steht nun unter der Internet-Adresse:

http://nts1.oec.uni-osnabrueck.de/OLF

ein Microsoft-Access-Programm „Osnabrücker Lernfabrik (OLF)" zur Verfügung, das auf Basis der Leontief-Produktionsfunktion einfache Planungen ermöglicht. Kapitel 7 enthält einige Erläuterungen zu dem Programm.

Danken möchten wir unseren Mitarbeitern Herrn Dipl.-Vw., Dipl.-Kfm. Björn Wiersdorf und Herrn Dipl.-Kfm. Dr. Thorsten Claus für ihre kompetente und engagierte Hilfe. Herr Claus hat darüber hinaus durch seine inhaltlichen Vorschläge zu einer wesentlichen Verbesserung des Buches beigetragen.

Bernd Rieper
Thomas Witte Siegen und Osnabrück, im Januar 2001

Inhaltsverzeichnis

Abbildungsverzeichnis 12

Übungsverzeichnis 15

1. Vorbemerkungen: Theorien, Modelle und wissenschaftliche
   Problemlösungen 15

2. Der Gegenstand der Produktions- und Kostentheorie: Die Analyse und
   die Gestaltung produktiver Systeme 18

   2.1 Die Betrachtung zweier konkreter Produktionssituationen 18

      2.1.1 Beispiel 1: Eine Möbelfabrik 18

      2.1.2 Beispiel 2: Eine Erdölraffinerie 21

   2.2 Die Kennzeichnung produktiver Systeme 23

   2.3 Eine Typologie produktiver Systeme 25

   2.4 Ein produktionswirtschaftliches Zielsystem und Kennzahlen als
       Maßgrößen der Zielerreichung 31

3. Produktions- und Kostenfunktionen 36

   3.1 Produktionsfunktionen und ihre betriebswirtschaftliche Bedeutung 36

      3.1.1 Modelltheoretische Grundlagen 36

      3.1.2 Ein einfaches Beispiel einer Produktionsfunktion 37

      3.1.3 Das System der Produktionsfaktoren 40

      3.1.4 Gründe und Voraussetzungen für die betriebswirtschaftliche
            Bedeutsamkeit von Produktionsfunktionen 42

   3.2 Grundtatbestände der Kostentheorie 43

      3.2.1 Kostentheorie, Kostenbegriffe, Kostenfunktionen 43

      3.2.2 Kosteneinflußgrößen der Produktion 48

4. Produktions- und Kostentheorie auf der Grundlage der Leontief-
Produktionsfunktion 51

   4.1 Allgemeine Kennzeichnung der Leontief-Produktionsfunktion 51

   4.2 Ein Zahlenbeispiel für den Einprodukt-Fall mit zwei Einsatzfaktoren 52

   4.3 Die Leontief-Produktionsfunktion bei mehrstufiger Einprodukt-
   Fertigung und die zugehörige Kostenfunktion 59

   4.4 Der Zusammenhang zwischen Direktbedarf, Gesamtbedarf und
   Produktionsfunktion 66

   4.5 Die Leontief-Produktionsfunktion bei mehrstufiger Mehrprodukt-
   Fertigung 72

5. Weitere Produktions- und Kostenfunktionen 75

   5.1 Ertragsgesetzliche Produktions- und Kostenfunktionen 75

   5.2 Gutenberg-Produktionsfunktionen und zugehörige Kostenfunktionen ... 80

   　5.2.1 Produktionstheoretische Analyse 80

   　5.2.2 Kostentheoretische Analyse 86

   5.3 Zukünftige Entwicklungen 89

6. Die Erweiterung der Produktions- und Kostentheorie durch die
Berücksichtigung nicht-effizient genutzter fixer Faktorarten 91

   6.1 Zur Notwendigkeit der Erweiterung 91

   6.2 Die Bestimmung der Faktorpreise für die eingesetzten
   Produktionsfaktoren 93

   6.3 Die Ermittlung der fixen und variablen Kosten der Produktion in
   Abhängigkeit von der Ausbringungsmenge 95

   6.4 Die Analyse der Kostenfunktion in Abhängigkeit von der
   Ausbringungsmenge 99

7. Produktions-Planungs- und -Steuerungs-Systeme 102

  7.1 Grundlagen 102

  7.2 Datenstrukturierung und relationale Datenbanken 102

    7.2.1 Begriffs- und Modellbildung 102

    7.2.2 Daten, Datenbanken, Datenbanksysteme 105

    7.2.3 Der Entity-Relationship-Ansatz 106

    7.2.4 Relationale Datenbanken 110

  7.3 Grunddatenverwaltung in einem PPS-System 111

    7.3.1 Die Darstellung der Fertigung durch ER-Diagramme 111

    7.3.2 Die Erfassung der Fertigungs-Daten in Tabellen 115

  7.4 Abbildung der Leontief-Produktionsfunktion in einer relationalen Datenbank 117

    7.4.1 Konzept 117

    7.4.2 Modellerweiterung 118

    7.4.3 Osnabrücker Lernfabrik (OLF) 120

8. Grundlagen der Produktionsprogrammplanung mit Hilfe der linearen Programmierung 123

  8.1 Ein einfaches Beispiel und seine Lösung auf graphischem Wege 123

  8.2 Das Simplexverfahren zur Lösung linearer Programme 129

  8.3 Die ökonomische Interpretation der Größen eines Simplextableaus 135

Literaturverzeichnis 141

Stichwortverzeichnis 143

Abbildungsverzeichnis

Abbildung 1.1: Grundschema der wissenschaftlichen Problemlösung 6
Abbildung 2.1: Der Materialfluß in einer Möbelfabrik 18
Abbildung 2.2: Die Arbeitsplätze in der Teilefertigung 19
Abbildung 2.3: Der Montagebereich der Möbelfabrik 20
Abbildung 2.4: Materialfluß, Verarbeitungsstationen und Produkte einer Erdölraffinerie .. 22
Abbildung 2.5: Die Kennzeichnung eines produktiven Systems als Input-/Output- oder Transformationsprozeß 24
Abbildung 2.6: Subsysteme einer industriellen Unternehmung 25
Abbildung 2.7: Verfahrensarten für Produktionsprozesse 26
Abbildung 2.8: Organisationsformen der Fertigung 28
Abbildung 2.9: Fertigungsformen der Produktion 28
Abbildung 2.10: Weitere Merkmale des Transformationsvorganges 29
Abbildung 2.11: Merkmalsprofile einer Möbelfabrik und einer Erdölraffinerie 30
Abbildung 2.12: Ein produktionswirtschaftliches Zielsystem 31
Abbildung 3.1: Die Herstellung von Kunststoffbehältern 38
Abbildung 3.2: Produktionsfunktion für das Kunststoffbeispiel 38
Abbildung 3.3: Systematik der Produktionsfaktoren 41
Abbildung 3.4: Elemente des Kostenbegriffs 45
Abbildung 3.5: Kostenfunktion als Erklärungsmodell 46
Abbildung 3.6: Kosteneinflußgrößen in der Produktion 48
Abbildung 4.1: Die Fruchtsaftproduktion 52
Abbildung 4.2: Die graphische Darstellung einer Leontief-Produktionsfunktion mit zwei Einsatzfaktoren 53
Abbildung 4.3: Isoquanten einer Leontief-Produktionsfunktion 54
Abbildung 4.4: Darstellung einer linearen Kostenfunktion 55
Abbildung 4.5: Isokostenlinien einer linearen Kostenfunktion 56
Abbildung 4.6: Kostenverlauf über einer Isoquante einer Leontief-Produktionsfunktion 57
Abbildung 4.7: Das Ausbringungsverhalten über einer Isokostenlinie 58
Abbildung 4.8: Konstruktionszeichnung für den Hocker 60
Abbildung 4.9: Ein mehrstufiges Produktionssystem für den Hocker 61
Abbildung 4.10: Tabelle der Einsatzfaktoren in der Tischlerei 62
Abbildung 4.11: Der Prozeß zur Aufstellung einer Produktions- und Kostenfunktion 63
Abbildung 4.12: Stückliste und Gozintograph für den Hocker 64
Abbildung 4.13: Arbeitsplan für ein Bein des Hockers 65
Abbildung 4.14: Gozintograph und Direktbedarfsmatrix für das Hockerbeispiel ... 66
Abbildung 4.15: Schema zur Berechnung der Inversen 69
Abbildung 4.16: Gozintograph für zwei Endprodukte 72
Abbildung 5.1: Ertragsgesetzlicher Verlauf einer Produktionsfunktion in Abhängigkeit von einem Einsatzfaktor 75
Abbildung 5.2: Ertragsgesetzlicher Verlauf einer Produktionsfunktion mit zwei Einsatzfaktoren 76
Abbildung 5.3: Graphische Herleitung der ertragsgesetzlichen Kostenfunktion ... 79
Abbildung 5.4: Ein aggregatbezogenes Produktionssystem 81
Abbildung 5.5: Faktorverbräuche pro Schuß in Abhängigkeit von der Schußfadenzahl pro Minute 82

Abbildung 5.6:	Faktorverbräuche pro Zentimeter Gewebe in Abhängigkeit von der Gewebelänge pro Minute	84
Abbildung 5.7:	Die Ermittlung einer Mengen-Kosten-Leistungsfunktion	86
Abbildung 5.8:	Der Verlauf der Gesamtkosten in Abhängigkeit von der Intensität und der Einsatzzeit	87
Abbildung 6.1:	Die Kostenfunktion in Abhängigkeit von der Ausbringungsmenge bei linear-limitationaler sowie effizienter Einprodukt-Fertigung	91
Abbildung 6.2:	Vorgehensweise zur Bestimmung der Faktorpreise	95
Abbildung 6.3:	Variable und fixe Kosten der Produktion im Einprodukt-Fall in Abhängigkeit von der Ausbringungsmenge	98
Abbildung 6.4:	Der Zusammenhang zwischen zeitelastischen/zeitunelastischen Produktionsfaktoren und den variablen/fixen Faktorarten	99
Abbildung 6.5:	Verläufe der stückbezogenen Kostenfunktion bei linear-limitationaler Einprodukt-Fertigung	101
Abbildung 7.1:	Abstraktionsvorgänge bei der Modellkonstruktion	103
Abbildung 7.2:	Merkmale und Merkmalsausprägungen von Exemplaren einer Klasse	104
Abbildung 7.3:	Begriffsbildung durch Aggregation	104
Abbildung 7.4:	Symbole des Entity-Relationship-Schemas	107
Abbildung 7.5:	Beispiel für ein ER-Diagramm	108
Abbildung 7.6:	ER-Diagramm mit Attributen	109
Abbildung 7.7:	Tabellen einer relationalen Datenbank	110
Abbildung 7.8:	Tabelle für zusammengesetzte Begriffe	111
Abbildung 7.9:	Artikel	112
Abbildung 7.10:	Direktbedarf und Bestand	113
Abbildung 7.11:	Schichtplan	114
Abbildung 7.12:	Arbeitsplan	114
Abbildung 7.13:	Artikeldaten	116
Abbildung 7.14:	Weitere Tabellen der Grunddatenverwaltung	117
Abbildung 7.16	ER-Diagramm: Produktionstheorie	119
Abbildung 7.16:	Verwaltung der Grunddaten	120
Abbildung 7.17:	Verwaltung der Produktionsfunktion	121
Abbildung 7.18:	Planung	121
Abbildung 8.1:	Graphische Darstellung des Entscheidungsfeldes	126
Abbildung 8.2:	Darstellung der Zielfunktion für verschiedene Zielfunktionswerte	127
Abbildung 8.3:	Graphische Lösung eines zweidimensionalen linearen Programms	128

Übungsverzeichnis

Aufgabe 1.1: Theorieverständnis 17
Aufgabe 2.1: Kennzeichnung einer Fahrradproduktion 21
Aufgabe 2.2: Beschreibung der Stahlerzeugung 23
Aufgabe 2.3: Elemente eines produktiven Systems 25
Aufgabe 2.4: Subsysteme einer industriellen Unternehmung 25
Aufgabe 2.5: Fertigungs- und Verfahrenstechnik 30
Aufgabe 2.6: Erstellung von Merkmalsprofilen 31
Aufgabe 2.7: Berechnung von Faktorproduktivitäten 35
Aufgabe 2.8: Begriff der Wirtschaftlichkeit 35
Aufgabe 3.1: Typen von Produktionsfunktionen 40
Aufgabe 3.2: Kostenbegriff 47
Aufgabe 3.3: Berechnung von Kostengrößen 47
Aufgabe 3.4: Kosteneinflußgrößen 49
Aufgabe 4.1: Leontief-Produktionsfunktion bei einstufiger Einproduktfertigung 59
Aufgabe 4.2: Arbeitsplan, Stückliste, Direktbedarf, Gesamtbedarf 71
Aufgabe 4.3: Leontief-Produktionsfunktion bei mehrstufiger Mehrproduktfertigung 74
Aufgabe 5.1: Ertragsgesetzliche Produktionsfunktion 79
Aufgabe 5.2: Ertragsgesetzliche Kostenfunktion 79
Aufgabe 5.3: Technische und ökonomische Verbrauchsfunktion 89
Aufgabe 5.4: Analyse einer Gutenberg-Produktionsfunktion 90
Aufgabe 6.1: Ermittlung und Analyse von Kostenfunktionen 101
Aufgabe 7.1: Entwicklung eines relationalen Schemas 122
Aufgabe 8.1: Graphische Lösung eines linearen Programms 139
Aufgabe 8.2: Simplexverfahren zur Produktionsprogrammplanung 140

1. Vorbemerkungen: Theorien, Modelle und wissenschaftliche Problemlösungen

Eine *Theorie* ist die einheitliche Erklärung von Sachverhalten und Zusammenhängen in einem Gegenstandsbereich. Im wesentlichen besteht sie aus Aussagen über den Gegenstandsbereich, welche dessen relevante Elemente und deren Abhängigkeit voneinander in der Form einer Gesetzmäßigkeit beschreiben. Eine Theorie unterscheidet sich von einer einfachen Meinungsäußerung oder einem Glaubenssatz dadurch, daß gleichzeitig mit ihren Aussagen eine Methode zur Überprüfung ihrer Richtigkeit geliefert wird. Dabei hat Richtigkeit weniger mit dem Anspruch einer absoluten und objektiven Wahrheit – was auch immer das sei – zu tun als mit dem Angebot einer inhaltlich gehaltvollen Aussage, die praktisch brauchbar ist. Ob etwas praktisch brauchbar ist, erweist sich dadurch, daß Personen, die die Theorie beherrschen, sich in dem Gegenstandsbereich besser zurechtfinden als Personen, die die Theorie nicht kennen. Ausschlaggebend für die Güte einer Theorie ist also die Verbesserung der Fähigkeit, Probleme zu lösen.

Gegenstandsbereich der folgenden Überlegungen sind die Produktion von Sachgütern und Dienstleistungen sowie die damit verbundenen Kosten. Systematisch geordnet und in Gesetzmäßigkeiten gefaßt werden sollen somit Sachverhalte, die bei der Herstellung von Dingen eine Rolle spielen. Anders als in der Physik, wo sich alles aus wenigen grundlegenden Gesetzen erklären läßt, wird in dem Bereich der Produktion und der damit verbundenen Kosten eine Vielzahl von begrenzteren Theorien miteinander kombiniert, um befriedigende Erklärungen für Teilbereiche zu finden. Diese begrenzteren Theorien schlagen sich in Modellen nieder. *Modelle* sind mathematische Beschreibungen von Teilausschnitten des Gegenstandsbereichs. Sie verbinden die formalen Abbilder von relevanten Gegenständen auf realitätskonforme Weise miteinander. Im Gegensatz zu Überlegungen der Mathematik haben die Bestandteile der hier skizzierten Modelle eine inhaltliche Bedeutung. Die Gegenstände, die durch sie beschrieben werden, müssen in der Realität in dem untersuchten Gegenstandsbereich existieren und in einem entsprechenden Zusammenhang stehen.

Die Abbildung 1.1 beschreibt den Gang einer *wissenschaftlichen Problemlösung*, wie er im Idealfall auch für die Produktions- und Kostentheorie zutreffen sollte. Ausgangspunkt der Überlegungen ist ein reales Problem, das heißt, ein Sachverhalt, mit dem eine Person unzufrieden ist und der verbesserbar erscheint. Auf systematischem Wege läßt sich eine Lösung für das reale Problem finden, wenn es in ein formales Problem (mathematisches Modell) überführt werden kann, das ein sachgerechtes und strukturgetreues Bild des realen Problems liefert.

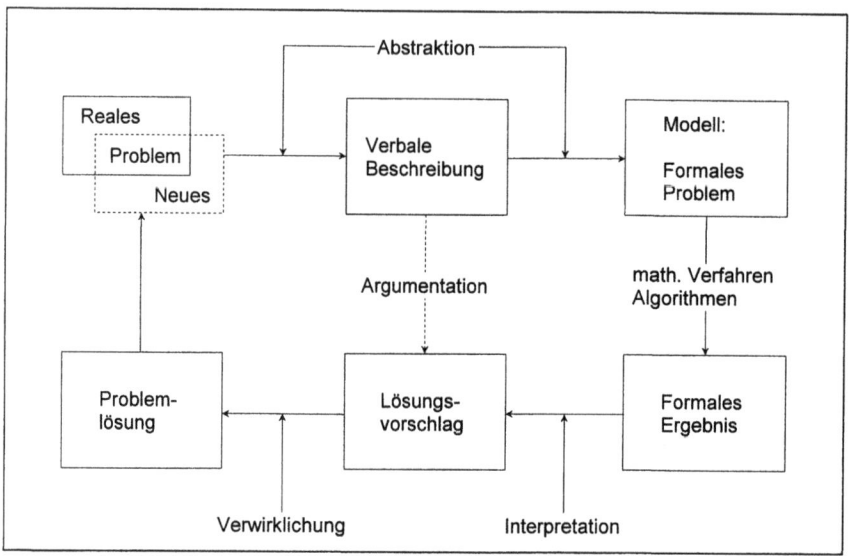

Abbildung 1.1:   Grundschema der wissenschaftlichen Problemlösung

Die Modellbildung geschieht auf dem Wege der Abstraktion. Diese muß als eine konstruktive Leistung angesehen werden und besteht darin, für den betrachteten Gegenstandsbereich die interessierenden Sachverhalte auszuwählen, eine Entscheidung darüber zu treffen, welche dieser Sachverhalte als beeinflußbar bzw. nicht beeinflußbar angesehen werden sollen, sowie die Zusammenhänge zwischen diesen Sachverhalten zu klären. Dieser Abstraktions- oder Konstruktionsprozeß kann dabei zunächst in eine detaillierte verbale Beschreibung des Problems einmünden, die auch genutzt werden kann, um auf argumentativem Wege einen Lösungsvorschlag zu entwickeln. Aber erst die Formalisierung macht das Problem mathematischen Verfahren und Algorithmen zugänglich. Das Ergebnis ist zunächst nur formaler Natur, aber durch Interpretation läßt sich aus dem formalen Ergebnis ein Lösungsvorschlag für das reale Problem gewinnen. Ob dieser tatsächlich zu einer Lösung des realen Problems führt, läßt sich erst nach seiner Verwirklichung feststellen. Die realisierte Problemlösung kann die endgültige Lösung des Problems darstellen oder zu einem neuen Problem führen, für das auf dem beschriebenen Wege erneut eine Lösung zu entwickeln ist.

Aufgabe 1.1: Theorieverständnis

Suchen Sie aus einem allgemeinen Lexikon das Stichwort Theorie. Vergleichen Sie das oben skizzierte Theorieverständnis mit der aufgefundenen Definition. Erläutern Sie Abweichungen.

Literaturhinweise:

Adam, D., Planung und Entscheidung. Modelle – Ziele – Methoden, 4. Auflage, Wiesbaden 1996, S. 60-80.

Rieper, B., Betriebswirtschaftliche Entscheidungsmodelle, Herne 1992, S. 17-34.

Witte, Th., Heuristisches Planen, Wiesbaden 1979, S. 17-27.

2. Der Gegenstand der Produktions- und Kostentheorie: Die Analyse und die Gestaltung produktiver Systeme

2.1 Die Betrachtung zweier konkreter Produktionssituationen

Um eine konkrete Produktionssituation bestmöglich zu erfahren, muß man die Realität betrachten. Die zweitbeste Möglichkeit besteht darin, eine möglichst genaue Beschreibung einer konkreten Produktionssituation durchzuarbeiten. Im folgenden werden zwei derartige Beschreibungen vorgestellt. Sie sollen im weiteren zur Demonstration der Konzepte der Produktions- und Kostentheorie herangezogen werden.

2.1.1 Beispiel 1: Eine Möbelfabrik

Das erste Beispiel beschreibt ein Unternehmen der Möbelindustrie mit rund 700 Mitarbeitern. Hergestellt werden Kastenmöbel für Wohn- und Schlafzimmer sowie sogenannte Jugendzimmer in etwa 30 Programmreihen. Jede Programmreihe besteht aus 5 bis 30 unterschiedlichen Möbeltypen, die wiederum in bis zu drei unterschiedlichen Fronten angeboten werden. Aufgrund der Nachfragesituation erfolgen sowohl eine auftragsgebundene Fertigung für die kundenspezifische Nachfrage als auch eine nicht auftragsgebundene Fertigung für einen zunächst anonymen Markt. Im letzteren Fall erfolgt der Verkauf vom Lager.

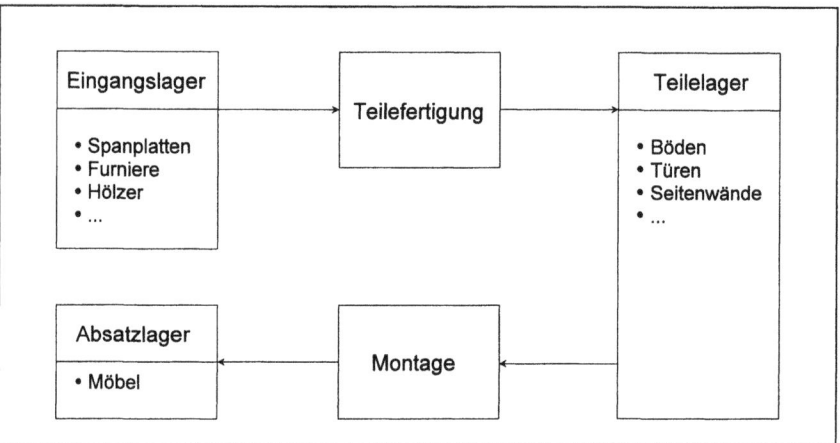

Abbildung 2.1: Der Materialfluß in einer Möbelfabrik

Die Produktion ist räumlich in mehrere Bereiche eingeteilt, die man sich am einfachsten als aneinandergrenzende Hallen vorstellen kann. Einen Überblick kann man sich verschaffen, wenn man die Fertigung entlang dem Materialfluß vom Eingangslager des Rohmaterials über die zunehmenden Fertigstellungsgrade bis zum Fertiglager und Versand verfolgt. Abbildung 2.1 gibt einen Überblick über die Bereiche der Produktion.

Schaut man sich die Fertigungsbereiche Teilefertigung und *Montage* genauer an, stellt man fest, daß es in beiden Bereichen eine Vielzahl verschiedener Arbeitsplätze gibt, an denen Herstellungsvorgänge unterschiedlichster Art ablaufen. Die *Teilefertigung* ist dadurch gekennzeichnet, daß Teile wie Türen, Rückwände, Einlegeböden, Bettrahmen usw. von Werkern an Maschinen bearbeitet werden. So werden zunächst die Spanplatten mit einer Säge nach Plan zerlegt. Danach durchlaufen die Zuschnitte einen Beschichtungsautomaten, der die Platten mit einem Kunststoff beschichtet oder mit Furnieren versieht. Im weiteren folgen Bearbeitungsgänge wie Fräsen, Bohren, Sägen von Rundungen oder Setzen von Dübeln, die alle mit mehr oder weniger Maschinenunterstützung durchgeführt werden. In der Regel werden mehrere gleichartige Teile nacheinander bearbeitet.

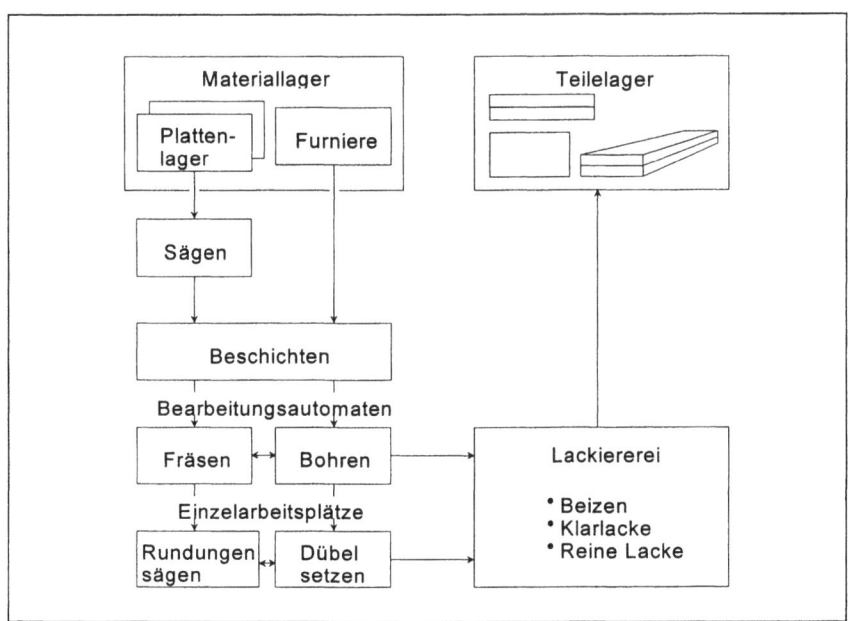

Abbildung 2.2:   Die Arbeitsplätze in der Teilefertigung

Typisch für einen Arbeitsplatz in diesem Bereich ist eine Anordnung, bei der Vormaterial vor der Maschine lagert. Dieses Material wird durch einen Werker der Maschine zugeführt und nach der Bearbeitung hinter der Maschine gelagert. Von hier wird es dann in den Vormaterialbereich eines weiteren Arbeitsplatzes gebracht oder, wenn es fertig bearbeitet ist, auf das Teilelager gelegt. Die Reihenfolge der Bearbeitungsgänge hängt davon ab, welches Teil erstellt werden soll. Es gibt daher in diesem Fertigungsbereich keinen einheitlichen Materialfluß. In einem abgeteilten Bereich der Fertigungshalle befindet sich die Lackiererei. Hier erfolgt eine Oberflächenbehandlung der sichtbaren Teile der Möbel. Furniere werden gebeizt und mit Klarlack behandelt; andere Oberflächen werden mit farbigen Lacken versehen. Abbildung 2.2 zeigt eine Anordnung der Arbeitsplätze in der Teilefertigung.

Im *Teilelager* werden alle Teile bevorratet, die für den späteren Zusammenbau der Möbel benötigt werden. Dabei müssen rund 10.000 unterschiedliche Teile verwaltet werden, etwa 6.000 aus der eigenen Fertigung und rund 4.000 fremdbezogene Teile. Insbesondere werden alle Arten von Beschlägen fremdbezogen.

In der *Montage* werden die Teile zu Möbeln zusammengebaut. Die benötigten Teile werden in der entsprechenden Anzahl aus dem Teilelager entnommen und in der Montageabteilung in der Einbaureihenfolge am Montageband aufgebaut.

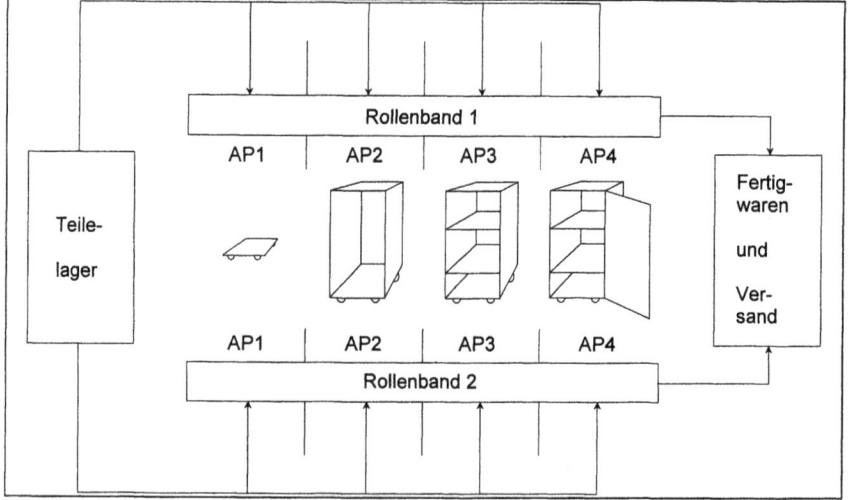

Abbildung 2.3: Der Montagebereich der Möbelfabrik

Der Zusammenbau erfolgt auf zwei Rollenbändern, die parallel angeordnet sind. Auf diese Weise kann auf beiden Bändern, wenn nötig, dasselbe Programm gefertigt werden. In der Regel laufen aber auf den beiden Bändern unterschiedliche Programme. Am Band sind Arbeitsplätze angeordnet, an denen das Möbelstück sukzessive komplettiert wird. Für ein laufendes Programm erfolgt an einem bestimmten Arbeitsplatz immer die gleiche Art von Montage. Bei einer Schrankmontage z.b. beginnt die Montage mit dem Zusammenbau des Sockels. Auf dem Rollenband wird dann das Möbelstück weitergeschoben und am nächsten Arbeitsplatz etwa mit Seitenteilen versehen. Zugeliefert ans Band werden Komponenten wie Schubläden, die an seitlich angeordneten Einzelarbeitsplätzen von Hand zusammengebaut wurden. Am Ende des Rollenbandes sollte das Möbelstück vollständig montiert sein. Es kommt dann in den Versand, wo es noch einmal kontrolliert und dann verpackt und per LKW transportiert wird. Bei einem Wechsel des aktuellen Produktionsprogrammes, das in der Montage gefertigt wird, ändern sich in der Regel auch die Arbeitsinhalte der Arbeitsplätze am Band. Abbildung 2.3 gibt einen Überblick über den Montagebereich.

Der hier exemplarisch für eine Möbelfabrik skizzierte Fertigungsvorgang ist typisch für viele Fertigungen, in denen Gebrauchsgegenstände für Haushalte oder Büros hergestellt werden. Weitere Beispiele sind Elektroartikel wie Fernseher, Waschmaschinen, Toaster, Staubsauger, Schreibmaschinen und Telefone oder auch Fahrräder, Rasenmäher oder Kinderwagen.

Aufgabe 2.1: Kennzeichnung einer Fahrradproduktion

Versuchen Sie, eine Produktion zu kennzeichnen, in der Fahrräder in größerer Stückzahl hergestellt werden sollen. Informieren Sie sich über die Bestandteile von Fahrrädern. Wie soll die Teilefertigung ablaufen? Welche Arbeitsplätze sollten eingerichtet werden? Auf welche Art und Weise erfolgt die Montage?

2.1.2 Beispiel 2: Eine Erdölraffinerie

In einer Erdölraffinerie wird Rohöl verarbeitet. Ergebnisse des Verarbeitungsprozesses sind Gase, Benzin, Kerosin, Dieselöl, Heizöle, Schmieröle, Wachse, Bitumen und chemische Grundstoffe. Der eingesetzte Rohstoff, Erdöl, ist ein Gemisch aus Hunderten von Kohlenwasserstoffverbindungen. Der Verarbeitungsprozeß besteht aus kontinuierlich ablaufenden physikalischen und chemischen Prozessen. Diese sind auf geeignete Weise über Rohrleitungen miteinander verbunden, so daß ein automatischer Ablauf der Verarbeitung gewährleistet ist. Typisch für das äußere Bild einer Raffinerie sind die säulenförmigen, in Kolonnen angeordneten Destillations- und Krackanlagen, die vielen Tankbehälter zur Zwischen- und Endlagerung der Produkte sowie das Gewirr von Rohrleitungen, welche die einzelnen Produktionssysteme miteinander verbinden. Menschen sind in der Regel kaum zu sehen. Sie haben in erster Linie überwachende und steuernde Aufgaben.

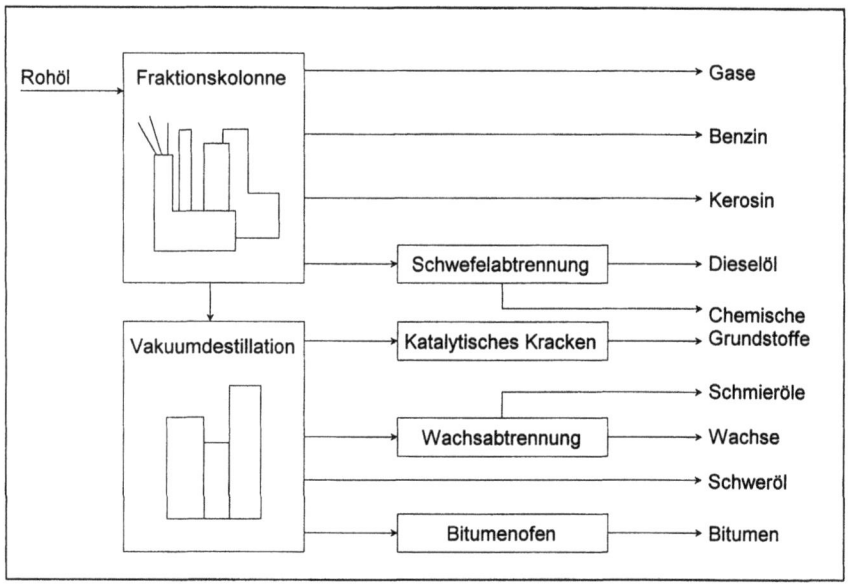

Abbildung 2.4: Materialfluß, Verarbeitungsstationen und Produkte einer Erdölraffinerie

Der Produktionsprozeß läßt sich grob wie folgt charakterisieren: Das Rohöl wird zunächst durch Destillation in seine wichtigsten Bestandteile (Fraktionen) zerlegt. Man spricht von leichten oder schweren Fraktionen in Abhängigkeit von der Flüchtigkeit der Stoffe, die von den unterschiedlichen Siedetemperaturen der Stoffe abhängig ist. Drei dieser Fraktionen lassen sich ohne weitere Behandlung als Endprodukte verkaufen: Benzin, Kerosin und Dieselöl. Sie werden in großen Vorratstanks gelagert und von dort zu den Kunden verbracht. Schwefelhaltige Öle müssen entschwefelt werden. Schwere Dieselöle werden durch Kracken weiterbehandelt. Dadurch werden die großen Moleküle des Dieselöls in kleinere Moleküle leichterer Fraktionen wie Benzin oder Gas „zerbrochen". Auf diese Weise entstehen auch chemische Grundstoffe wie Äthylen und Propylen. Sie dienen der Kunststoff- und Waschmittelproduktion. Auch die schweren Fraktionen werden weiterverarbeitet. Durch Vakuumdestillation werden aus ihnen Heizöl und Schmieröl hergestellt. Vom Schmieröl lassen sich Wachse abtrennen. Zurück bleibt letztlich Bitumen, das im Hoch- und Tiefbau auf unterschiedlichste Weise eingesetzt wird, zum Beispiel bei der Herstellung von Dachpappe oder dem Bau von Fahrbahndecken. Die Abbildung 2.4 gibt einen Überblick über die wichtigsten Verarbeitungsstationen und Produkte einer Erdölraffinerie.

Der hier dargestellte Ablauf ist typisch für Chemieanlagen, in denen mit Hilfe von physikalischen und chemischen Prozessen Stoffe umgewandelt werden. Kunststoffe, Arzneimittel, Farben, Waschmittel und Düngemittel sind Beispiele für Produkte, die mit chemischer *Verfahrenstechnik* hergestellt werden.

Aufgabe 2.2: Beschreibung der Stahlerzeugung

Beschreiben Sie den Produktionsvorgang der Stahlerzeugung. Welche Rohmaterialien werden eingesetzt, welche Verfahrensschritte werden durchlaufen, welche Anlagen benötigt? Welche typischen Arbeitsplätze gibt es im Stahlwerk?

2.2 Die Kennzeichnung produktiver Systeme

Die Beispiele zeigen, daß Produktionen auf unterschiedlichste Art und Weise durchgeführt werden. Für die Produktionstheorie gilt es, das Allgemeingültige dieser konkreten Produktionen herauszuarbeiten. Es sollen ja keine Spezialisten für den Möbelbau oder Raffinerieexperten ausgebildet werden. Das, was in beiden Situationen an Wissen zu gebrauchen ist, soll vermittelt werden. Dazu ist es von Vorteil, ein neutrales, fallunabhängiges Begriffsinstrumentarium verfügbar zu haben. Ein solches Instrumentarium liefert die *Systemtheorie*. Sie vermittelt eine abstrakte Sichtweise der Produktion, die unabhängig vom Einzelfall Aussagen ermöglicht.

Ein *System* ist eine Gesamtheit von *Elementen*, zwischen denen Beziehungen bestehen. Elemente sind die kleinsten interessierenden Einheiten, die Teile des Systems sind. Ein *produktives System* besteht aus relativ dauerhaften Elementen wie Menschen, Maschinen und Anlagen, die genutzt werden, um Eingabegrößen wie Materialien, Energie und Informationen in Sachgüter oder Dienstleistungen umzuwandeln. Am Beispiel der Möbelfabrik oder der Erdölraffinerie läßt sich das leicht nachvollziehen. Mit dem Produktionsprozeß geht eineÄnderung der Identität der stofflichen Eingabegrößen einher, die allgemein als Transformation bezeichnet wird. Der Umwandlungsprozeß ist physikalischer oder chemischer Natur. In beiden Fällen wird Energie verbraucht, die dem System von außen zugeführt werden muß. Darüber hinaus wird der Umwandlungsprozeß durch Informationen unterschiedlichster Art gesteuert.

In der Möbelfabrik besteht der Umwandlungsprozeß aus dem Zerteilen der Spanplatten, dem Bearbeiten und dem Zusammenbau der Teile. Alle Einzelvorgänge lassen sich hier im wesentlichen mit Hilfe der klassischen Mechanik erklären. Die Veränderungen erfolgen durch Bearbeitung oder Zusammenfügen von Ausgangsmaterialien und Einzelteilen. In der Raffinerie sind es physikalisch-chemische Prozesse wie die Destillation oder das Kracken, die eine Umwandlung des Rohöls in die verschiedenen Endprodukte bewirken. Obwohl die Produktionsvorgänge in beiden Beispielen im Detail grundverschieden sind, lassen sie sich wie in Abbildung 2.5 als Transformationsprozeß kennzeichnen.

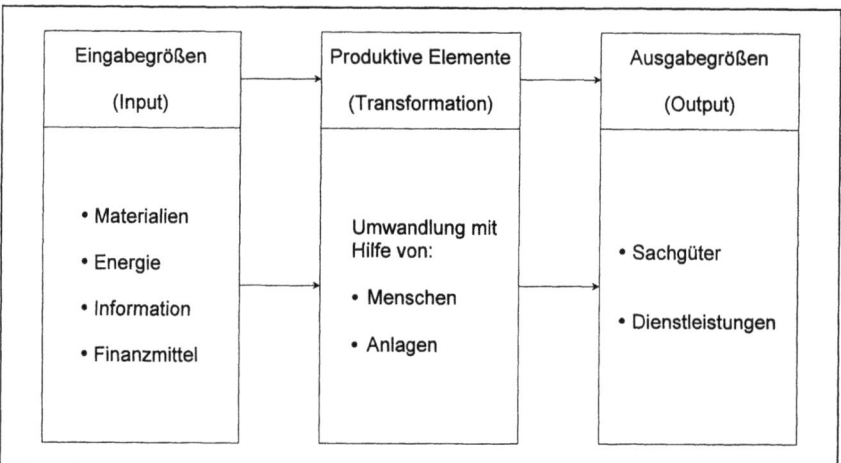

Abbildung 2.5: Die Kennzeichnung eines produktiven Systems als Input-/Output- oder Transformationsprozeß

Möchte man ein vorgegebenes Untersuchungsobjekt weiter zerlegen, läßt sich das zwanglos und einheitlich in der Terminologie der *Systemtheorie* durchführen. Einzelne Arbeitsplätze lassen sich genauso als produktive Systeme betrachten wie Abteilungen oder ganze Unternehmen. Elemente eines vorgegebenen Systems lassen sich einerseits als *Subsysteme* auffassen, wenn man ihre Zusammensetzung untersuchen will. Andererseits lassen sich Systeme ihrerseits wieder als Elemente eines übergeordneten Systems interpretieren, wenn sie in einem größeren Zusammenhang gesehen werden sollen. Die Produktion läßt sich so als Subsystem einer Unternehmung sehen. Unterscheidet man produktionsmittel-, marktleistungs- und gesamtunternehmens-orientierte Aufgabenbereiche, ergibt sich eine Aufteilung einer industriellen Unternehmung in Subsysteme wie in Abbildung 2.6.

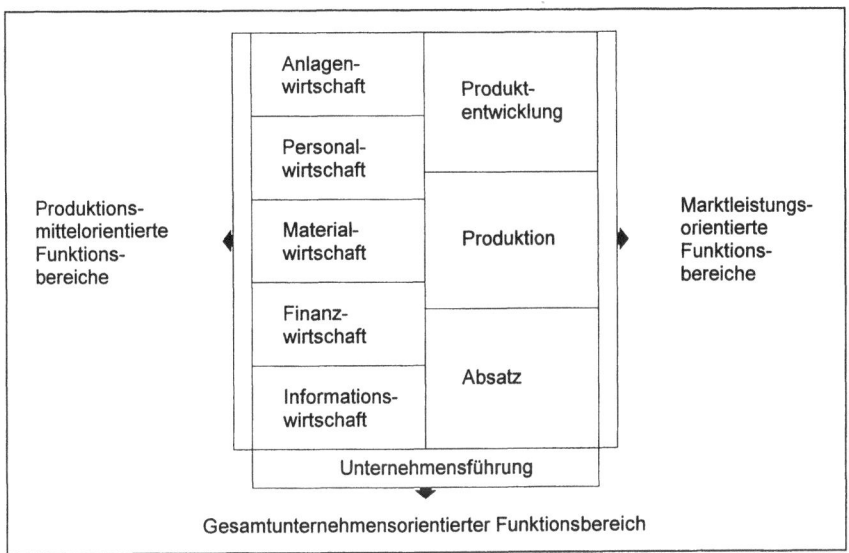

Abbildung 2.6: Subsysteme einer industriellen Unternehmung

Aufgabe 2.3: Elemente eines produktiven Systems

Geben Sie für den Fall der Möbelfabrik und für den der Erdölraffinerie die Elemente des produktiven Systems an.

Aufgabe 2.4: Subsysteme einer industriellen Unternehmung

Führen Sie am Beispiel der Möbelfabrik die Subsysteme einer industriellen Unternehmung aus. Geben Sie an, aus welchen Elementen die Subsysteme bestehen. Welche Beziehungen bestehen zwischen den Elementen der einzelnen Subsysteme? Welche Beziehungen zwischen den Subsystemen sind wichtig?

2.3 Eine Typologie produktiver Systeme

Eine Typologie ist ein Ordnungsschema, mit dessen Hilfe man produktive Systeme, wie sie in der Realität vorkommen, entsprechend ihren charakteristischen Merkmalen systematisieren kann. Diese Merkmale knüpfen in erster Linie an dem Transformationsvorgang der produktiven Systeme an. Aber auch die verschiedenen Merkmale der erstellten Produkte werden herangezogen. Eine Typisierung produktiver Systeme nach unterschiedlichen Eigenschaften der Eingabegrößen ist unergiebig.

Eine erste Orientierung über den Transformationsvorgang läßt sich aufgrund der hauptsächlich angewendeten Produktionsvorgänge vornehmen. Dabei sind technische, biologische und geistige Vorgänge zu unterscheiden. Im folgenden soll kurz auf die im Vordergrund stehenden technischen Vorgänge eingegangen werden. Sie beruhen auf physikalischen oder chemischen Gesetzmäßigkeiten. Als Haupttechniken werden Fertigungs-, Verfahrens- und *Energietechnik* unterschieden. In der Abbildung 2.7 ist eine Aufteilung der Produktionsprozesse nach Verfahrensarten angegeben.

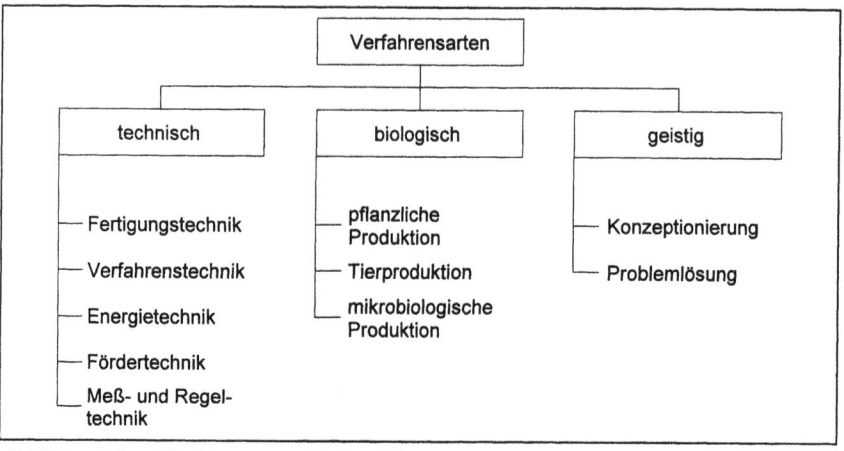

Abbildung 2.7: Verfahrensarten für Produktionsprozesse

Von *Fertigungstechnik* spricht man bei der Produktion von Stückgütern. Die Möbelproduktion ist ein typisches Beispiel dafür. Aber nicht nur zusammengesetzte Produkte wie z.B. die Möbel, sondern auch die zugehörigen Ausgangsprodukte und die entsprechenden angearbeiteten Bestandteile, sogenannte Halbzeuge und Halbfabrikate, zählen dazu. Halbzeuge sind zum Beispiel Spanplatten und Furniere, aber auch Drähte und Bleche oder Textilien. Halbfabrikate sind zum Beispiel Gußteile oder Schmiederohlinge. Zusammengesetzte Produkte werden wie die Möbel häufig in drei Stufen gefertigt:

1. die Fertigung von Halbzeugen oder Halbfabrikaten,
2. die Fertigung und Bearbeitung von Teilen,
3. der Zusammenbau der Teile.

Verfahrenstechnik kommt bei der Herstellung von Fließ- und Schüttgütern zum Zuge. Ein typisches Beispiel ist die *Erdölraffinerie* mit ihren Produkten in der Form von Gasen, Flüssigkeiten und Granulaten. Auch hierbei erstreckt sich die Produktion in der Regel über drei Stufen, die in mehreren Betrieben angesiedelt sein können:

1. die Gewinnung von Rohstoffen,
2. die Verarbeitung zu Vor- und Zwischenprodukten,
3. die Herstellung der Endprodukte.

Wärmeenergie und elektrische Energie werden im Produktionsprozeß nicht nur auf vielfältigste Weise eingesetzt, sondern sind selber auch Ergebnisse industrieller Produktionsvorgänge. Damit befaßt sich die *Energietechnik*. Auch bei ihr findet ein Transformationsprozeß statt. So wird zum Beispiel in Kohlekraftwerken Energie, die in fossilen Stoffen gespeichert ist, in elektrische Energie und Wärme umgewandelt.

Die weiteren Überlegungen beziehen sich in erster Linie auf eine technisch basierte Produktion. Deren *Organisationsform der Fertigung* bezieht sich auf die räumliche Anordnung der Betriebsmittel und Arbeitsplätze im Hinblick auf die Bearbeitungsvorgänge, die von den herzustellenden Produkten gefordert werden. Grundlegend ist die Unterscheidung in eine funktionsorientierte und eine materialflußorientierte Anordnung der Betriebsmittel. Werden funktionsgleiche oder funktionsähnliche Maschinen räumlich in Gruppen zu Fertigungsstellen zusammengefaßt, spricht man von *Werkstattfertigung*.

Werden die Maschinen materialflußorientiert, d. h. entsprechend dem notwendigen Bearbeitungsablauf angeordnet, spricht man von *Reihenfertigung*. Die Weiterbewegung der Werkstücke erfolgt nur bei Bedarf. Wenn die Weiterbewegung durch technische Vorgaben bestimmt ist, liegt eine *Fließfertigung* vor.

Die Abbildung 2.8 gibt eine erweiterte Unterteilung der Organisationsformen der Fertigung wieder. Dabei sind Beispiele in Klammern angegeben.

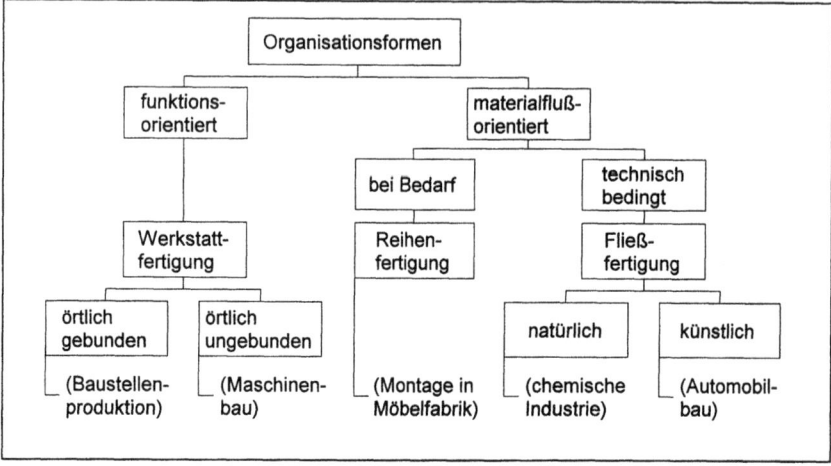

Abbildung 2.8: *Organisationsformen der Fertigung*

Ein weiterer Aspekt des Transformationsvorganges produktiver Systeme ist der Wiederholungsgrad der Produktion innerhalb einer Planungsperiode. Man spricht hierbei von *Fertigungsformen* der Produktion.

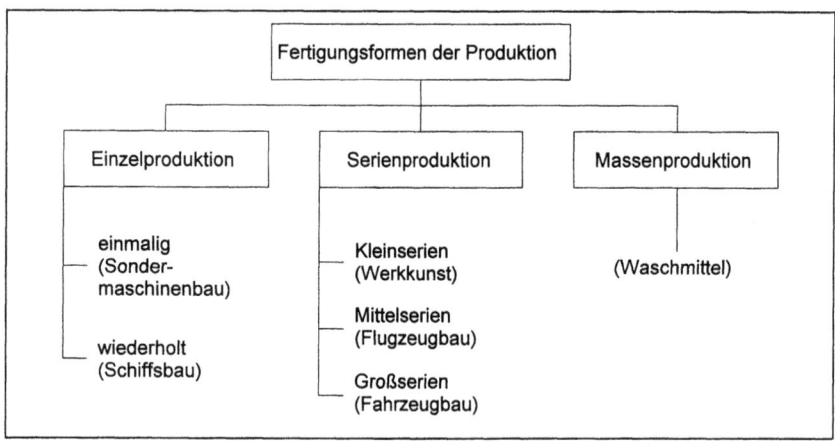

Abbildung 2.9: *Fertigungsformen der Produktion*

Wird nur eine Mengeneinheit einer Produktart hergestellt, liegt *Einzelfertigung* vor. Bei *Serienfertigung* werden von mehreren Produktarten begrenzte Stückzahlen auf denselben Anlagen gefertigt. Beim Wechsel von einer Produktart auf eine andere ist in der Regel eine Umrüstung der Maschinen nötig. *Massenproduktion* liegt dann vor, wenn die Betriebsmittel ununterbrochen nur von einer Produktart genutzt werden. Die Abbildung 2.9 gibt wiederum einen erweiterten Überblick über die Fertigungsformen der Produktion mit Beispielen.

Neben den bislang angesprochenen wesentlichen Unterscheidungsmerkmalen gibt es eine Reihe von weiteren Merkmalen des Transformationsvorganges. Dazu zählen die Struktur und die Kontinuität des Materialflusses sowie die Zahl der Arbeitsgänge und deren Variierbarkeit in der Abfolge. Die Abbildung 2.10 faßt diese Merkmale zusammen.

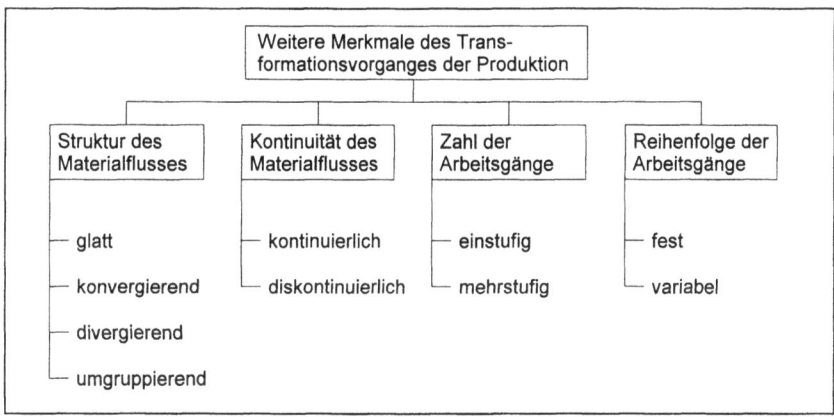

Abbildung 2.10: Weitere Merkmale des Transformationsvorganges

Analog zur Typisierung der Transformationsvorgänge ist eine Klassifizierung der Produkte nach verschiedenen Merkmalen möglich. Dabei sind bestimmte Produktklassen typisch für bestimmte Prozeßtypen. Zum Beispiel sind Fließgüter typische Produkte einer Fließfertigung, während in einer *Werkstattfertigung* vorrangig Stückgüter hergestellt werden.

Die Charakterisierung der Produkte kann unter anderem nach deren Art (materielle oder immaterielle Produkte), Gestalt (Fließgüter oder Stückgüter), Anzahl (ein oder mehrere Produkte), Verwandtschaftsgrad (Arten oder Sorten) und Produktionsauslöser (Kundenauftrag oder Lager) vorgenommen werden.

Um ein reales Produktionssystem zu beschreiben, lassen sich die Merkmalskataloge durchgehen und in jedem Einzelfall entscheiden, ob das Merkmal zutrifft oder nicht. Das Ergebnis eines solchen Durchganges läßt sich mit Hilfe eines sogenannten Profils graphisch darstellen. Abbildung 2.11 zeigt beispielhaft Ergebnisse für die Möbelfabrik und die Erdölraffinerie.

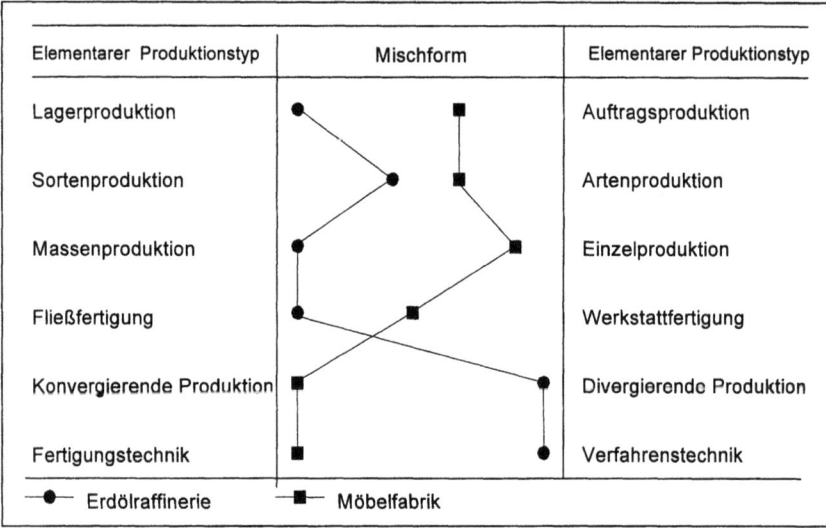

Abbildung 2.11: Merkmalsprofile einer Möbelfabrik und einer Erdölraffinerie

Solche *Merkmalsprofile* lassen sich einerseits nutzen, um Unterschiede von Produktionen mit gleichen Aufgabenstellungen herauszuarbeiten. Auf der anderen Seite lassen sich mit ihrer Hilfe produktive Systeme prototypisch für unterschiedliche Aufgabenstellungen kennzeichnen. So läßt sich der typische Einzelfertiger darstellen, der im Kundenauftrag bei Werkstattfertigung mit *Fertigungstechnik* Spezialprodukte herstellt. Am anderen Ende der Skala steht der Massenfertiger, der vom Lager gesteuert und in Fließfertigung mit Hilfe der *Verfahrenstechnik* ein Massengut herstellt. Erst nach einer solchen Typisierung lassen sich Problemlösungsmethoden entwickeln, die losgelöst vom Einzelfall auf analoge Probleme übertragbar sind.

Aufgabe 2.5: Fertigungs- und Verfahrenstechnik

a) Schlagen Sie in einem Lexikon das Stichwort Fertigungstechnik oder Fertigungsverfahren nach. Arbeiten Sie auch die Artikel durch, auf die verwiesen wird. Welche der aufgeführten Techniken erwarten Sie in der Möbelfabrik wiederzufinden?

b) Gehen Sie auf gleiche Weise bei der Verfahrenstechnik und der Erdölraffinerie vor.

Aufgabe 2.6: Erstellung von Merkmalsprofilen

a) Legen Sie ein möglichst umfassendes Merkmalsprofil für eine Fahrradfabrik fest. Gehen Sie den obigen Merkmalskatalog vollständig durch, und entscheiden Sie, ob und, falls notwendig auch, inwieweit eines der angegebenen Merkmale zutrifft. Begründen Sie Ihre Entscheidung. Zeichnen Sie ein Merkmalsprofil.

b) Stellen Sie analoge Überlegungen für die Stahlproduktion an.

c) Erstellen Sie das Merkmalsprofil für eine Schiffswerft.

2.4 Ein produktionswirtschaftliches Zielsystem und Kennzahlen als Maßgrößen der Zielerreichung

Bislang wurde in erster Linie der *Zweck (= Sachziel)* produktiver Systeme untersucht. Er besteht in der Funktion, die das System für seine Umwelt ausübt. Zweck produktiver Systeme ist die Erstellung von Sachgütern oder Dienstleistungen für Dritte. Im folgenden werden die *Ziele (= Formalziele)* produktiver Systeme zum Gegenstand der Untersuchung. *Ziele* sind die vom System selbst angestrebten Verhaltensweisen oder Zustände.

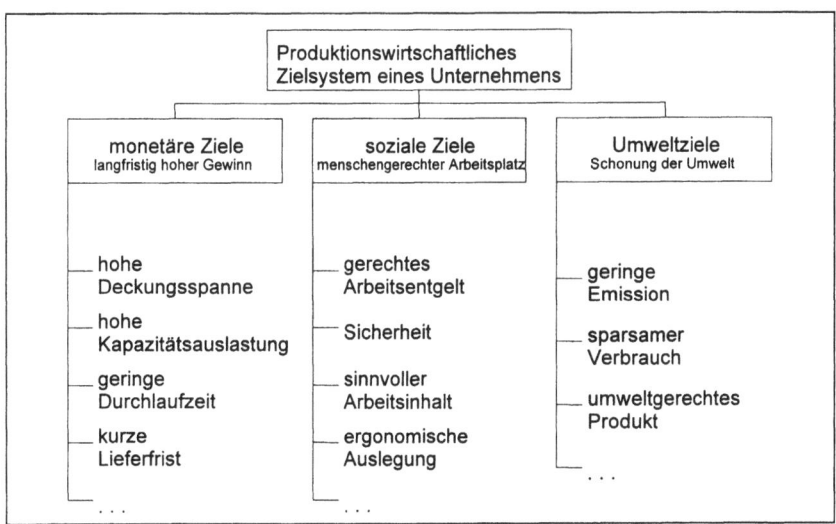

Abbildung 2.12: Ein produktionswirtschaftliches Zielsystem

Diese Formulierung unterstellt, daß das untersuchte System in der Lage ist, seine Zustände, das heißt die aktuellen Ausprägungen der Merkmale seiner Elemente, selbst zu erkennen und von sich aus darauf hinzuwirken, daß erstrebenswerte Zustände erreicht werden. Dies ist die Aufgabe der menschlichen Elemente des produktiven Systems, die in der Form der Betriebsleitung und der Mitarbeiter auftreten.

Die Einzelziele lassen sich aus dem Bestreben von Systemen erklären, auf Dauer existent zu bleiben. Die Hierarchisierung der Ziele beruht auf einer gesamtunternehmensbezogenen Sichtweise auf der oberen Zielebene. Hier sind globale Vorstellungen über die verschiedenen Zielbereiche genannt. Dann erfolgt deren Ausdifferenzierung in Zielkomponenten, die für den Produktionsbereich wichtig sind. Diese Zielkomponenten der unteren Ebene sollen die Erreichung der Oberziele unterstützen. Für sie sind operationale Maßgrößen zu bilden und Kennzahlen für die Zielerreichung anzugeben, wenn eine Objektivierung der Zielbildung und Zielerreichung erreicht werden soll. Ein produktionswirtschaftliches *Zielsystem* ist beispielhaft in Abbildung 2.12 angegeben.

Der Bereich der in der Betriebswirtschaftslehre im Vordergrund stehenden monetären Ziele soll kurz weiter erläutert werden, indem der *Gewinnbegriff* näher beschrieben wird. Der Gewinn pro Periode berechnet sich wie folgt:

Gewinn [EUR] = Erlöse [EUR] − Kosten [EUR] .

Dabei beziehen sich die Erlöse und Kosten auf die abgesetzten Produktmengen der Periode. Für jede Produktart, die das Unternehmen herstellt, kann eine Deckungsspanne berechnet werden:

Deckungsspanne [EUR/ME] = Verkaufspreis [EUR/ME]
　　　　　　　　　　　　　− variable Selbstkosten pro Stück [EUR/ME] .

Die variablen Selbstkosten bestehen nur aus denjenigen Kosten, die direkt durch die Erstellung einer Mengeneinheit des Produktes verursacht werden. Dazu zählen zum Beispiel die Materialkosten pro Mengeneinheit oder die Fertigungslohnkosten pro Mengeneinheit.

Der Periodengewinn läßt sich leicht mit Hilfe der Deckungsspanne ausdrücken. Dann gilt für den *Periodengewinn*:

$$G := \sum_{j=1}^{m} (p_j - k_{vj}) \cdot x_j - K_f.$$

Dabei mögen die folgenden Symbole gelten:

j : Produktartenindex (j = 1, 2, ..., m),
p_j [EUR/ME] : Verkaufspreis pro ME der Produktart j,
k_{vj} [EUR/ME] : variable Selbstkosten pro ME der Produktart j,
x_j [ME] : Absatzmenge der Produktart j in der betrachteten Periode,
K_f [EUR] : ausbringungsunabhängige Kosten der betrachteten Periode (z. B. Abschreibungen oder Gehälter),
G [EUR] : Periodengewinn.

Um einen möglichst hohen Gewinn zu erzielen, muß ein produktives *System* möglichst wirksam und möglichst wirtschaftlich arbeiten. Zur Beurteilung der Wirksamkeit bzw. Wirtschaftlichkeit eines produktiven Systems können die Kennzahlen der *Produktivität* bzw. der Wirtschaftlichkeit herangezogen werden. Die Produktivität eines Einsatzfaktors läßt sich als periodenbezogene Kennzahl für einen einzelnen Faktor wie folgt bestimmen:

$$\text{Produktivität} := \frac{\text{Ausbringungsmenge einer Faktorart}}{\text{Faktoreinsatzmenge eines Faktors}}.$$

Insbesondere gilt zum Beispiel:

$$\text{Arbeitsproduktivität} := \frac{\text{Ausbringungsmenge}}{\text{Eingesetzte Arbeitsstunden}},$$

$$\text{Maschinenproduktivität} := \frac{\text{Ausbringungsmenge}}{\text{Eingesetzte Maschinenstunden}}.$$

Den Kehrwert der Produktivität bezeichnet man als *Produktionskoeffizienten*:

$$\text{Produktionskoeffizient} := \frac{\text{Anzahl eingesetzter Faktoreinheiten}}{\text{Ausbringungsmenge}}.$$

Produktivität ist eine Kennzahl für die Ergiebigkeit eines Faktors. Je höher die Produktivität eines Faktors für eine Produktart ist, um so ergiebiger ist er für diese Produktart. Der Produktionskoeffizient ist eine Kennzahl für den Umfang des Verbrauchs eines Produktionsfaktors für eine Produkteinheit. Die Ermittlung einer Gesamtproduktivität als Verhältnis von Output zu Input ist betriebswirtschaftlich nicht sinnvoll, da die Interdependenzen der Faktorproduktivitäten in dieser Größe aufgrund der vorgenommenen Aggregation nicht deutlich werden können.

Grundlage für die Erreichung nicht nur der monetären Ziele einer Unternehmung ist die Einhaltung des *Wirtschaftlichkeitsprinzips*, das auch als ökonomisches oder Rationalprinzip bezeichnet wird. In seiner *Minimumversion* fordert das *Wirtschaftlichkeitsprinzip*, daß eine bestimmte Leistung mit möglichst geringen Mitteln erreicht werden soll. Das Streben, mit gegebenen Mitteln die bestmögliche Leistung zu erzielen, entspricht der *Maximumversion*. Unter Mitteln versteht man Mengen von Einsatzfaktoren, und mit Leistung wird im allgemeinen die Ausbringung eines produktiven Systems bezeichnet. Die zugehörigen Kennzahlen lauten daher wie folgt:

$$\text{Wirtschaftlichkeitsgrad der } Minimumversion \text{ (bei gegebener Leistung)} := \frac{\text{Soll} - \text{Mitteleinsatz}}{\text{Ist} - \text{Mitteleinsatz}},$$

$$\text{Wirtschaftlichkeitsgrad der } Maximumversion \text{ (bei gegebenem Mitteleinsatz)} := \frac{\text{Ist} - \text{Leistung}}{\text{Soll} - \text{Leistung}}.$$

Je höher der Wirtschaftlichkeitsgrad ausfällt, desto günstiger ist die Produktion zu beurteilen. Das ökonomische Prinzip findet sich auch in der folgenden Kennzahl:

$$\textit{Wirtschaftlichkeit} := \frac{\text{Leistung pro Periode}}{\text{Kosten einer Periode}}.$$

Die Leistung einer Periode ergibt sich aus den bewerteten Ausbringungsmengen, während die Kosten einer Periode als bewertete Faktoreinsatzmengen definiert sind. Die Produktionstheorie befaßt sich vorrangig mit dem Mengengerüst, also mit dem Verhältnis von Faktoreinsatz- und Ausbringungsmengen. Die Kostentheorie untersucht in erster Linie die entsprechenden Wertansätze.

Aufgabe 2.7: Berechnung von Faktorproduktivitäten

In einer auf „Hollandräder" spezialisierten Fahrradfabrik produzierten die Beschäftigten im Monat April 2.000 Fahrräder, während im Mai 2.400 Stück hergestellt wurden. Die geleisteten Arbeitsstunden betrugen im April 3.840 und im Mai 4.416 Stunden. Der Einsatz von Werkzeugen, Maschinen, Fahrzeugen, Ausstattungen und Gebäuden blieb unverändert (Wert 300.000,- EUR).

a) Berechnen Sie die *Arbeitsproduktivität* für die Monate April und Mai. Erläutern Sie eventuelle Abweichungen der Werte.

b) Berechnen Sie auch die Produktivitäten des Einsatzfaktors Kapital. Wie läßt sich die Veränderung dieser Größe erklären?

c) Angenommen, im Monat Juni wird ein weiteres Förderband für 20.000,- EUR angeschafft und in der Produktion eingesetzt. Bei insgesamt 4.400 Arbeitsstunden werden im Juni 2.580 Fahrräder hergestellt. Wie lassen sich die Änderungen der zu berechnenden Produktivitätsgrößen erklären?

d) Welche zusätzlichen Informationen werden benötigt, wenn für die Fahrradfabrik Wirtschaftlichkeiten für die Monate April bis Juni berechnet werden sollen?

Aufgabe 2.8: Begriff der Wirtschaftlichkeit

In einem Lehrbuch zur Produktionswirtschaft wird der Begriff „Wirtschaftlichkeit" wie folgt definiert: „Wirtschaftlichkeit ist der reziproke Wert der Stückkosten". Dabei versteht man unter Stückkosten den Quotienten aus Gesamtkosten und Produktionsmenge. Leiten Sie her, unter welchen Annahmen diese Definition mit den hier erläuterten Begriffsauffassungen korrespondiert.

Literaturhinweise:

Cordes, W., Produktion in der Eisen- und Stahlindustrie, in: Handwörterbuch der Produktionswirtschaft, hrsg. von Kern, W., ungekürzte Sonderausgabe, Stuttgart 1993, Sp. 457-470.

Hoitsch, H.-J., Produktionswirtschaft, 2. Auflage, München 1993, S. 1-26.

Jehle, E., Müller, K., Michael, H., Produktionswirtschaft, 5. Auflage, Heidelberg 1999.

Krycha, K.-T., Produktionstypologien, in: Handwörterbuch der Produktionswirtschaft, hrsg. von Kern, W., 2. Auflage, Stuttgart 1996, Sp. 1617-1629.

Schulze, J., Produktion in der Chemischen Industrie, in: Handwörterbuch der Produktionswirtschaft, hrsg. von Kern, W., Stuttgart 1979, Sp. 381-392.

Ulrich, H., Die Unternehmung als produktives soziales System, 2. Auflage, Bern, Stuttgart 1970, S. 100 ff.

Zäpfel, G., Produktionswirtschaft. Operatives Produktionsmanagement, Berlin, New York 1982, S. 1-30.

3. Produktions- und Kostenfunktionen

3.1 Produktionsfunktionen und ihre betriebswirtschaftliche Bedeutung

3.1.1 Modelltheoretische Grundlagen

Zur Herstellung von Sachgütern werden, wie oben erläutert, Menschen, Maschinen, Materialien und Energie benötigt. Die Ausbringungsmenge hängt dabei von den Einsatzmengen dieser Produktionsfaktoren ab. Zur Darstellung dieser Abhängigkeit dienen *Produktionsfunktionen*. Sie sind mathematische Modelle, die die reale Beziehung zwischen Produktmengen und eingesetzten Faktormengen durch eine Beziehung zwischen Zahlen abbilden. Werden im weiteren für ein Einproduktunternehmen folgende Symbole benutzt:

i : Index für Faktorarten ($i = 1, ..., n$),
n : Anzahl der Einsatzfaktoren,
r_i [FE] : Einsatzmenge (Verbrauchsmenge) des Faktors i in Faktoreinheiten,
x [ME] : Ausbringungsmenge in Mengeneinheiten,
f : Transformationsgesetz; mathematischer, quantitativer Zusammenhang zwischen Faktoreinsatz und Ausbringung,

dann lautet die *Produktionsfunktion:*

$$x := f(r_1, r_2, ..., r_n).$$

Der Zusammenhang zwischen Modell (Produktionsfunktion) und Realität (Produktionsvorgang) wird durch die Dimensionierung der Zahlen dargestellt. Sie wird hier jeweils in eckigen Klammern [ ] angegeben. Dimensionen verdeutlichen die Bedeutung der Zahlen, indem sie in der Form von physikalischen Einheiten angeben, für welchen Bestandteil der Realität die Zahlen stellvertretend stehen. Grundvoraussetzung für die Aufstellung von Produktionsfunktionen ist die Möglichkeit, Produktmengen und Faktoreinsatzmengen sachgerecht durch Zahlen zu erfassen. Die Zuordnung von Produktmengen zu Faktoreinsatzmengen, die in der Realität durch den Vorgang der Produktion erfolgt, muß im Modell explizit durch eine mathematische Gesetzmäßigkeit erfolgen. Diese muß angeben, wie sich aus den Faktoreinsatzmengen die zugehörigen Ausbringungsmengen errechnen lassen oder wie für eine vorgegebene Produktmenge mögliche Kombinationen von Faktoreinsatzmengen bestimmt werden können. Dabei wird von einem expliziten Bezug zur Kalenderzeit abgesehen und lediglich eine Betrachtungsperiode als zeitlicher Rahmen vorgegeben, auf den sich die Mengengrößen beziehen. Auf diese Weise fassen Produktionsfunktionen in konzentrierter und handhabbarer Form Informationen über die mengenmäßigen Zusammenhänge bei Produktionsvorgängen zusammen. Sie kombinieren auf mathematische Art und Weise die Produktionsfaktoren, die nötig sind, um ein vorgegebenes Produkt oder Produktbündel herzustellen. Damit können sie auf dem Wege der Berechnung Antworten auf die beiden grundlegenden Fragen geben:

- Welche Produktmengen lassen sich aus vorgegebenen Faktoreinsatzmengen erstellen?

- Welche Faktormengen müssen eingesetzt werden, um eine vorgegebene Produktmenge zu erzeugen?

Bei der Beantwortung dieser Fragen ist es sinnvoll, die Möglichkeit der absichtlichen Verschwendung von vornherein auszuschließen und nur effiziente Produktionsalternativen zu betrachten. Dann werden jeder Faktoreinsatzmengenkombination nur diejenigen möglichen Ausbringungen zugeordnet, die nicht dominiert sind. Falls nur eine Produktart hergestellt wird, ist das die Ausbringungsmenge, die bei gegebenen Faktoreinsatzmengen maximal möglich ist. In diesem Fall besteht immer ein eindeutiger funktionaler Zusammenhang zwischen Faktoreinsatzmengen und Ausbringungsmenge: Zu jeder Faktoreinsatzmengenkombination gibt es genau eine Ausbringungsmenge. Falls mehrere Produktarten hergestellt werden, ist es auch bei effizienter Produktion möglich, daß mehrere Produktmengenkombinationen mit der gleichen Faktoreinsatzmengenkombination erstellt werden können. Dann ist der Zusammenhang nicht mehr funktional, weil er nicht mehr eindeutig ist. Produktionsfunktionen für Produktbündel sind daher im allgemeinen keine Funktionen, sondern *Relationen* im mathematischen Sinne. Darüber hinaus ist die Umkehrabbildung, also die Zuordnung von Faktoreinsatzmengen zu Produktmengen, in allen Fällen in der Regel nicht eindeutig.

3.1.2 Ein einfaches Beispiel einer Produktionsfunktion

Untersucht werden soll die Produktion von Plastikbehältern. Abbildung 3.1 stellt den Herstellungsvorgang anschaulich dar. Als Material wird ein Kunststoffgranulat eingesetzt. Für einen Behälter werden 0,5 [kg] Granulat benötigt. Die Behälter werden in einer Maschine mit Druck unter Zuführung von Hitze geformt. Dabei sind Druck und Hitze in gewissen Grenzen durcheinander ersetzbar. Der Druck entsteht auf elektromechanischem Wege, die Hitze durch eine Ölfeuerung. Damit sind elektrische Energie, gemessen in [KWh], und Öl, gemessen in Litern [l], als weitere Produktionsfaktoren zu nennen. Die Maschine wird von einem Maschinenführer bedient und überwacht. Der Einsatz der Maschine und der Arbeitskraft wird in Stunden gemessen.

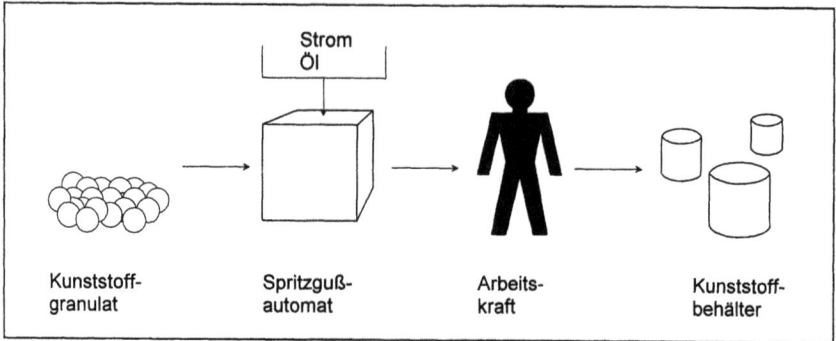

Abbildung 3.1: Die Herstellung von Kunststoffbehältern

Die Produktionsfunktion dieses Herstellungsvorganges muß nun alle Kombinationen von Mengen an Kunststoffgranulat, elektrischer Energie, Öl, Arbeitskraft- und Maschineneinsatz mit Anzahlen von Plastikbehältern zusammenbringen. In der Abbildung 3.2 sind mit r_1, r_2, r_3, r_4 und r_5 die entsprechenden Faktoreinsatzmengen bezeichnet, x gibt die Ausbringungsmenge an.

Einsatzfaktoren		Dimension	Ausbringung
Kunststoffgranulat	r_1	[kg]	x [ME]
Stromverbrauch	r_2	[KWh]	Anzahl der Kunststoffbehälter
Ölverbrauch	r_3	[l]	
Maschineneinsatz	r_4	[Std]	
Arbeitskrafteinsatz	r_5	[Std]	

Abbildung 3.2: Produktionsfunktion für das Kunststoffbeispiel

Wie läßt sich nun bei vorgegebenen Faktoreinsatzmengen die maximal mögliche Ausbringungsmenge errechnen?

Im vorliegenden Fall lassen sich drei Gruppen von Faktoren nach der Art und Weise unterscheiden, wie sie begrenzend auf die Ausbringungsmenge wirken können.

Der Materialverbrauch zählt zur ersten Gruppe. Er ist der Ausbringungsmenge direkt proportional. Die eingesetzte Materialmenge limitiert die Ausbringungsmöglichkeiten daher absolut nach oben. Bei einem Stückverbrauch von 0,5 [kg/ME] sind höchstens (r_1/0,5) Behälter herstellbar. Einsatzfaktoren dieser Art werden als limitational bezeichnet. *Limitationalität* liegt dann vor, wenn ein eindeutiger Zusammenhang zwischen Ausbringungsmenge und Faktorverbrauch besteht: Jeder Verbrauchsmenge des Faktors entspricht genau eine Ausbringungsmenge, und umgekehrt entspricht jeder Ausbringungsmenge genau eine Verbrauchsmenge.

Bei der zweiten Gruppe, den energiebezogenen Einsatzfaktoren, ist in gewissen Grenzen ein gegenseitiger Ersatz möglich. In einem Gedankenexperiment läßt sich vorstellen, daß die übrigen Faktoren in jedem Fall ausreichend verfügbar sind. Dann ist die Begrenzung der Ausbringung durch die Faktoren Strom und Öl nicht für jeden Faktor einzeln beurteilbar, sondern nur für das Faktorbündel gemeinsam. Was etwa an Druck benötigt wird, hängt davon ab, wieviel Hitze verfügbar ist und umgekehrt.

Einsatzfaktoren dieser Art werden als substitutional bezeichnet. *Substitutionalität* liegt dann vor, wenn bei gleichbleibender Ausbringungsmenge die Verringerung der Einsatzmenge eines Faktors durch die Vermehrung der Einsatzmenge eines anderen Faktors ausgeglichen werden kann oder bei Konstanz der übrigen Faktorverbräuche die Ausbringungsmenge durch die Vermehrung allein der Einsatzmenge eines Faktors erhöht werden kann.

Die dritte Gruppe von Faktoren zeichnet sich dadurch aus, daß die aus ihnen resultierende Obergrenze für die Ausbringungsmenge weder isoliert noch unter Bezugnahme auf andere Einsatzfaktoren, sondern nur bei einer vorhergehenden Festlegung weiterer Entscheidungsparameter, wie etwa der vorgesehenen technischen Leistung der Maschine, gemessen etwa in der Anzahl von Werkzeugbewegungen pro Zeiteinheit, bestimmt werden kann. Offensichtlich zählen der Maschineneinsatz und der Arbeitskrafteinsatz zu dieser Gruppe der *entscheidungsparameter-abhängigen Einsatzfaktoren*. Diese Faktoren wirken begrenzend auf die Ausbringungsmenge, wenn aufgrund ihrer zur Verfügung stehenden Zeit die Einsatzmengen der übrigen Faktoren gar nicht ausgeschöpft werden können. Selbstverständlich kann die Leistung der Maschine auch die Verbrauchsmengen anderer Faktoren, wie etwa der Energie, beeinflussen. Dann kann die maximal mögliche Ausbringungsmenge nur simultan für alle von der Leistung beeinflußten Faktorverbräuche bestimmt werden.

Schon diese kurze Erörterung zeigt, daß für praktische Anwendungsfälle ein Kompromiß zwischen *Realitätsnähe* und mathematischer Handhabkarkeit der Produktionsfunktionen gefunden werden muß. Die betriebswirtschaftliche Bedeutsamkeit unterschiedlicher Typen von Produktionsfunktionen hängt unter anderem davon ab, wie gut dieser Kompromiß gelingt.

Aufgabe 3.1: Typen von Produktionsfunktionen

a) Welche Beziehung bilden Produktionsfunktionen ab, und welche grundlegenden Fragen können damit beantwortet werden?

b) Informieren Sie sich in einem Einführungsbuch zur Produktions- und Kostentheorie über die verschiedenen Typen betriebswirtschaftlicher Produktionsfunktionen.

c) Wie lassen sich limitationale und substitutionale Einsatzfaktoren unterscheiden? Nennen Sie Beispiele für beide Typen von Einsatzfaktoren.

3.1.3 Das System der Produktionsfaktoren

Ergänzend zu einer differenzierenden Kennzeichnung der Produktionsfaktoren einer Produktionsfunktion als limitationale, substitutionale und entscheidungsparameterabhängige Faktorarten, soll im folgenden die von Gutenberg vorgeschlagene Systematisierung der Produktionsfaktoren dargestellt werden.

In einem ersten Schritt zerlegt Gutenberg alle zur Produktion erforderlichen Faktorarten in die beiden Gruppen der elementaren sowie der dispositiven Faktoren. Die *elementaren Produktionsfaktoren* dienen unmittelbar der Leistungserstellung und werden in der Produktionsfunktion erfaßt. Dagegen haben die *dispositiven Produktionsfaktoren* die Aufgabe, die elementaren Produktionsfaktoren zu einer produktiven Kombination zusammenzufügen.

Die elementaren Faktoren umfassen die objektbezogene menschliche Arbeitsleistung, die Betriebsmittel sowie die Werkstoffe. Sämtliche in Verbindung mit der Produktion ausgeführten Tätigkeiten von Menschen fallen unter die *objektbezogene menschliche Arbeitsleistung*. Die *Betriebsmittel* enthalten alle Produktionsfaktoren, deren Vorhandensein erst die Voraussetzung für eine Produktion bildet. Zu ihnen zählen einerseits die Maschinen, Gebäude, Grundstücke usw., andererseits die Hilfs- und Betriebsstoffe. Alle Rohstoffe werden als *Werkstoffe* aufgefaßt, sofern sie die Ausgangsstoffe für die Produktion darstellen.

Die dispositiven Faktoren lassen sich in die *Geschäfts- und Betriebsleitung*, die *Planung* und die *Organisation* zerlegen. Zusammen sorgen sie dafür, daß das betrieblich Gewollte in zukünftiges Handeln umgesetzt und dieses schließlich verwirklicht wird. Da Planung und Organisation aus der Geschäftsführungsaufgabe abgeleitet werden, bezeichnet man sie auch als *derivative Faktoren*, während die *Geschäfts- und Betriebsleitung* als *originärer Faktor* gilt.

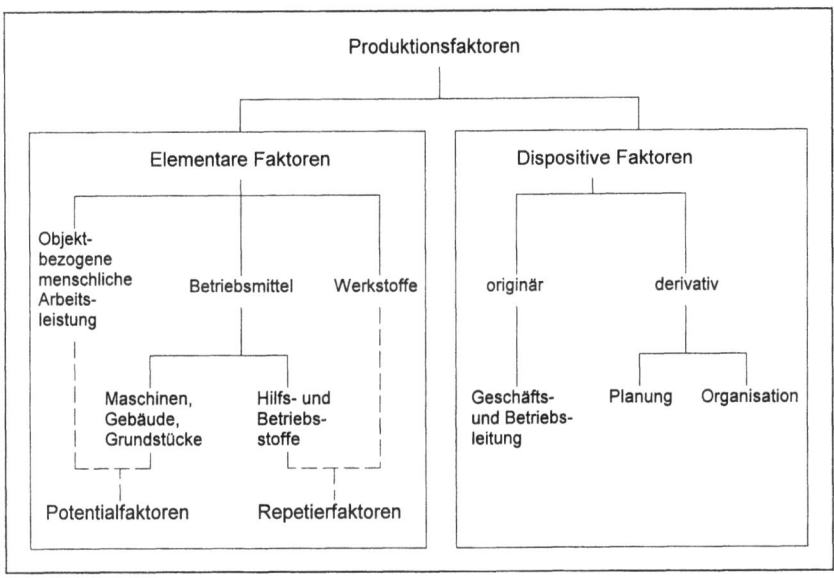

Abbildung 3.3: Systematik der Produktionsfaktoren

Die objektbezogene menschliche Arbeitsleistung sowie die Maschinen, Gebäude, Grundstücke usw. werden nach einem Vorschlag von Heinen auch als *Potentialfaktoren* bezeichnet, da sie ein bestimmtes Nutzungsvermögen verkörpern, das erst über eine längere Inanspruchnahme durch die Produktion verbraucht wird. Werkstoffe sowie Hilfs- und Betriebsstoffe stellen dagegen sogenannte *Repetierfaktoren* dar, die durch den einmaligen Einsatz in der Produktion verbraucht werden. Die Abbildung 3.3 faßt die Systematisierung der Produktionsfaktoren noch einmal zusammen.

3.1.4 Gründe und Voraussetzungen für die betriebswirtschaftliche Bedeutsamkeit von Produktionsfunktionen

Warum interessiert sich ein Kaufmann für die mengenmäßigen Zusammenhänge, die den Produktionsvorgängen zugrundeliegen? Mit ihrer Hilfe lassen sich Kostenüberlegungen von Erlösüberlegungen gedanklich trennen und der Reihe nach behandeln. Dabei sind die Faktorverbräuche Grundlage für Kostenüberlegungen und die Ausbringungsmengen Grundlage für Erlösüberlegungen. Im einfachsten Falle sind die Einsatzfaktormengen mit Einkaufspreisen in [EUR] pro Faktoreinheit und die Produktmengen mit Verkaufspreisen in [EUR] pro Produkteinheit zu bewerten. Auf diese Weise können Produktionsfunktionen Grundlage für die Erklärung und Planung der Gewinnsituation eines Unternehmens sein, soweit diese wesentlich durch die Produktion bestimmt ist. Insbesondere gilt das für die Kostenbestandteile der Gewinngleichung. Produktionsfunktionen ermöglichen es für den Fall, daß eine vorgegebene Produktmenge mit unterschiedlichen Kombinationen von Faktoreinsatzmengen erreicht werden kann, die Frage nach einer möglichst kostengünstigen Kombination zu beantworten. Für einen gewinnorientierten Kaufmann ist natürlich eine kostenminimale Alternative erstrebenswert, weil sie für die vorgegebene Ausbringungsmenge den größten Gewinn zur Folge hat. Darüber hinaus kann die Frage isoliert behandelt werden, wie sich bei Herstellung unterschiedlicher Produktmengen pro Periode die Kosten verändern. Im Mehrproduktfall ist natürlich die Frage nach den alternativ möglichen Mengenzusammensetzungen des Produktbündels bei gegebenen Faktoreinsatzmengen von großem Interesse. Hier können Produktionsfunktionen die mengenorientierte Grundlage für Entscheidungen über das Produktionsprogramm liefern.

Damit mathematische Formalismen wie die Produktionsfunktionen für die angegebenen Problemstellungen bedeutsam sind, müssen für sie bestimmte Voraussetzungen erfüllt sein, die sich wie folgt beschreiben lassen:

Anwendbarkeit
Es muß Produktionssituationen geben, in denen der Formalismus zumindest näherungsweise ein korrektes Abbild des tatsächlichen Zusammenhanges zwischen Einsatzfaktoren und Ausbringung ist. Eine nur fiktive Produktionsfunktion ist ein leerer Formalismus, der auch als Lernwerkzeug höchst ungeeignet ist, weil er falsche Denkgewohnheiten schafft.

Realitätsnähe
Die wesentlichen Zusammenhänge zwischen Ausbringung und Einsatzfaktoren müssen quantitativ in einer sinnvollen Auflösung strukturgetreu erfaßt

werden. Wesentlich ist vor allem die vollständige und sachgerechte Erfassung aller kostenverursachenden Verbräuche nach Art und Menge.

Problemorientiertheit
Neben dem Zusammenhang zwischen Ausbringung und Faktoreinsatzmengen müssen auch diejenigen Bestimmungsgründe für Faktorverbräuche mit modelliert werden, die nicht direkt durch die Ausbringungsmenge allein erklärt werden können. Sie sollten in der Form von Entscheidungsgrößen erfaßt werden, soweit sie vom Planer beeinflußt werden können.

Handhabbarkeit
Der Formalismus sollte keine unrealistischen Anforderungen an die zu erhebenden Daten und die Informationsverarbeitungskapazität stellen.

Die hier angeführten Aspekte sind keineswegs überschneidungsfrei und erschöpfend. Sie mögen auch zunächst selbstverständlich erscheinen. Allerdings wird die später folgende Diskussion einiger unterschiedlicher Typen von *Produktionsfunktion*en zeigen, daß hier eine differenzierte Sichtweise angezeigt ist.

3.2 Grundtatbestände der Kostentheorie

3.2.1 Kostentheorie, Kostenbegriffe, Kostenfunktionen

Die *Kostentheorie* hat eine *Erklärungsaufgabe* und eine *Gestaltungsaufgabe* zu erfüllen. Die *Erklärungsaufgabe* besteht darin,

– die *Kosteneinflußgrößen* zu erkennen und zu systematisieren
– sowie deren Wirkungen auf die Höhe der Kosten aufzuzeigen.

Die Erklärungsaufgabe gipfelt in der Formulierung und der Analyse von *Kostenfunktion*en, welche die Höhe der Kosten in Abhängigkeit von möglichen Ausprägungen der verschiedenen Einflußgrößen (Daten und Entscheidungen) aufzeigen. Zur *Gestaltungsaufgabe* der *Kostentheorie* gehört es zu untersuchen, wie die durch Entscheidungen beeinflußbaren Kosteneinflußgrößen optimal im Sinne der betrieblichen Zielsetzungen festzulegen sind. Im Rahmen der Gestaltungsaufgabe geht es somit darum, zielsetzungsgerechte Ausprägungen der dispositionsbestimmten Einflußgrößen einer Kostenfunktion zu planen.

Kosten bezeichnen den zur Leistungserstellung erforderlichen, bewerteten Faktorverbrauch einer Periode. Die Wertgröße Kosten ergibt sich durch Multiplikation von Faktoreinsatzmengen und Faktorwerten.

Die *Kosteneinflußgrößen* können sich entweder auf das Mengengerüst der Kosten (Faktoreinsatzmengen) oder auf die Wertansätze (Faktorwerte) beziehen. Die Einflußgrößen des Mengengerüstes sind in der der Kostenfunktion zugrundeliegenden Produktionsfunktion niedergelegt. Insoweit baut die Kostentheorie auf den Erklärungsmodellen der Produktionstheorie auf. Außer den Einflußgrößen der Produktionstheorie, welche die Verbrauchsmengen der einzelnen Produktionsfaktoren determinieren, sind die Wertansätze der Faktoren, das heißt die *Faktorpreise*, bestimmend für die Kosten (vgl. Abbildung 3.4).

Faktorpreise erfüllen in der Kostentheorie zwei Aufgaben: die *Verrechnungs- und die Lenkungsfunktion*.

Im Bereich der Produktionstheorie werden dimensionsverschiedene und damit nicht direkt vergleichbare Faktormengen analysiert. Eine grundlegende Voraussetzung für einen zielsetzungsgerechten Einsatz der Faktoren ist es, die dimensionsverschiedenen Faktoren gleichnamig, das heißt vergleichbar, zu machen und in Einheiten der Zielgröße – Geldeinheiten – auszudrücken. Die Gleichheit in der Dimension wird durch die Bewertung der Faktoreinsatzmengen erreicht. Diese *Verrechnungsfunktion* der Faktorbewertung erfüllt jeder beliebige Wertansatz.

Die Lenkungsfunktion der Faktorbewertung als Untersuchungsgegenstand der Kostenwerttheorie hat im Rahmen der Planung die Aufgabe, die einzelnen Produktionsfaktoren in die erfolgsträchtigsten Verwendungsrichtungen zu lenken. Für die Lösung dieser Aufgabe ist eine zielsetzungsgerechte Bewertung der Produktionsfaktoren Voraussetzung. Besteht das Ziel zum Beispiel in der Minimierung des zu Ausgaben führenden Faktorverbrauchs, so folgt daraus eine Bewertung des Verbrauchs zu den getätigten oder noch zu tätigenden Ausgaben. Die Bewertung des Faktorverbrauchs erfüllt mithin eine Lenkungsaufgabe.

Erst durch die Bewertung des Faktorverbrauchs kommt in die rein technische Betrachtung der Produktionstheorie ein ökonomisches Problem hinein. Dieses Problem besteht darin, den Faktorverbrauch so zu gestalten, daß dem *ökonomischen Prinzip* – Minimierung des bewerteten Faktorverbrauchs für eine nach Qualität und Menge gegebene Leistung – oder einem übergeordneten Prinzip (z.B. der Gewinnmaximierung) Rechnung getragen wird. In diesem auf die unterschiedlichen Werte der Faktoren zurückgehenden Auswahlproblem ist der eigentliche Unterschied zwischen der Produktions- und der Kostentheorie zu sehen.

Die Literatur zum Kostenbegriff wird hinsichtlich des Bewertungsproblems im wesentlichen von zwei Lehrmeinungen beherrscht, der pagatorischen und der wertmäßigen Bewertung. Die Verfechter des *pagatorischen Kostenbegriffs* berücksichtigen nur denjenigen Faktorverzehr, der zu Ausgaben geführt hat. Dies hat eine strenge Bindung der Mengenkomponente an die Wertkomponente zur Folge. Die Bewertung erfolgt zu den jeweiligen Anschaffungsausgaben und ist daher beschaffungsmarktorientiert. Ausgeklammert wird folglich derjenige Faktorverzehr, der zu den sogenannten Zusatzkosten als einer Gruppe der kalkulatorischen Kosten führt. Kalkulatorischer Unternehmerlohn, kalkulatorische Eigenkapitalzinsen und kalkulatorische Miete sind soweit keine Kosten im Sinne des pagatorischen Kostenbegriffs.

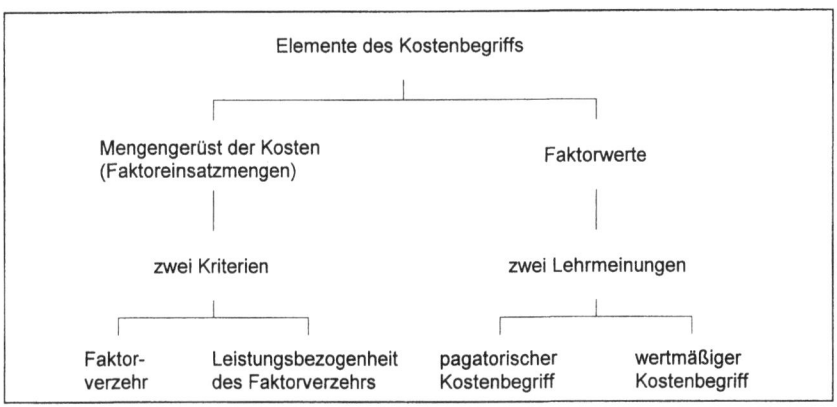

Abbildung 3.4: Elemente des Kostenbegriffs

Im Gegensatz dazu geht der *wertmäßige Kostenbegriff* von individuellen subjektiven Nutzenvorstellungen beim Faktoreinsatz aus. Jeder leistungsbezogene Faktorverzehr wird berücksichtigt. Es erfolgt keine Kopplung von Mengen- und Wertkomponente. Die Bewertung erfolgt mit dem Nutzen der gerade noch realisierten letzten Verwendungsrichtung des Faktors (Grenznutzen) und orientiert sich dabei an der betrieblichen Zielsetzung und dem betrieblichen Entscheidungsfeld. Je nach Zielsetzung kommen beispielsweise folgende Wertansätze in

Betracht: Anschaffungspreis, Wiederbeschaffungspreis, Tagespreis, Durchschnittspreis etc.

Eine *Kostenfunktion K(x)* stellt den Zusammenhang zwischen der Ausbringung x und den dafür entstandenen Kosten K dar. Ausgangspunkt für die Formulierung einer Kostenfunktion ist eine Produktionsfunktion der Form

$$x = f(r_1, r_2, ..., r_n).$$

Die Faktoreinsatzmengen r_i [FE], bewertet mit ihren Faktorpreisen q_i [GE/FE], i = 1, ..., n, führen zu den Kosten

$$K = r_1 \cdot q_1 + r_2 \cdot q_2 + ... + r_n \cdot q_n = \sum_{i=1}^{n} r_i \cdot q_i.$$

Die Feststellung der Kosten für eine vorgegebene Ausbringungsmenge erfolgt auf diese Weise immer auf der Grundlage der eingesetzten Faktormengen.

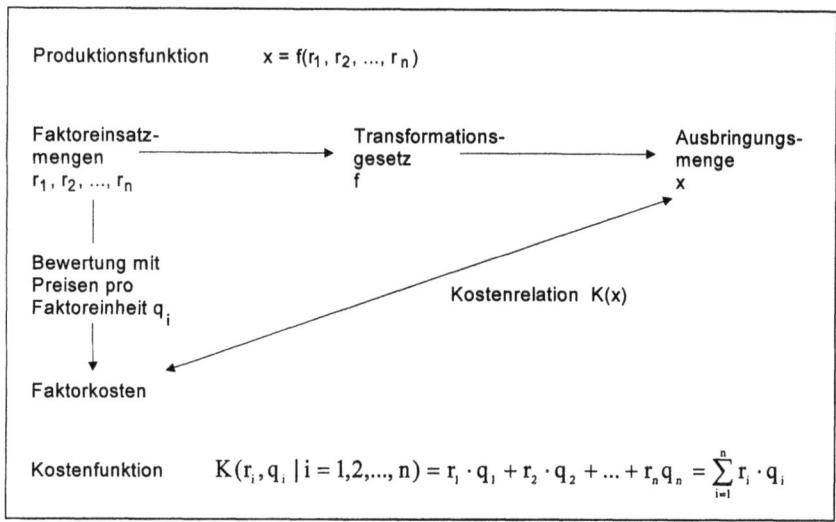

Abbildung 3.5: Kostenfunktion als Erklärungsmodell

Die Darstellung veranschaulicht, daß es sich in der Regel bei Kostenfunktionen im mathematischen Sinne um *Relationen* handelt. Das ist immer dann der Fall, wenn eine vorgegebene Ausbringungsmenge in Abhängigkeit von der Festlegung der Einflußgrößen für den Faktoreinsatz mit unterschiedlichen Kosten hergestellt werden kann. Die Abbildung 3.5 macht diesen Sachverhalt deutlich.

Unter Heranziehung des ökonomischen Prinzips in seiner Minimumversion läßt sich der in einer Kostenfunktion erfaßte Zusammenhang folgendermaßen als Entscheidungsproblem auffassen: Hergestellt werden soll eine bestimmte Produktionsmenge x. Wenn diese Menge x auf der Grundlage der geltenden Produktionsfunktion durch unterschiedliche Faktoreinsatzmengen-Kombinationen realisiert werden kann, ist zu überlegen, wie die Menge x mit den geringstmöglichen Kosten zu produzieren ist:

$$K = \sum_{i=1}^{n} r_i \cdot q_i \to \min! \text{ (Zielsetzung)}$$

$x = f(r_1, r_2, ..., r_n)$ (Nebenbedingung) mit $r_1, r_2, ..., r_n \geq 0$.

Die Nebenbedingung legt mit Hilfe der Produktionsfunktion alle Faktoreinsatzkombinationen nach Art und Menge fest, die zu einer Produktionsmenge x führen. Gesucht ist die Kombination mit den geringsten Kosten. Als Lösung dieser Aufgabe erhält man eine Faktorkombination, die zu einem minimalen Kostenbetrag K_{min} für die Menge x führt: $K_{min}(x)$. Im Sinne einer Wirtschaftlichkeitsüberlegung gibt diese *Minimalkostenfunktion* in Abhängigkeit von der Ausbringung an, mit welchen Kosten eine Ausbringungsmenge realisiert werden kann. Dabei wird hier vorausgesetzt, daß die Faktorpreise und die *Faktorqualitäten* konstant sind.

Aufgabe 3.2: Kostenbegriff

Schauen Sie nach, was in einem Wirtschaftslexikon unter dem Stichwort „Kosten" zu finden ist. Erläutern Sie den Unterschied zwischen dem pagatorischen und dem wertmäßigen Kostenbegriff im Hinblick auf das Mengen- und das Wertgerüst der Kosten.

Aufgabe 3.3: Berechnung von Kostengrößen

Ein kunststoffverarbeitendes Unternehmen stellt unter anderem Stoßstangen für die Automobilindustrie her. Für diese Produktion wird ein bestimmtes Kunststoffgranulat benötigt, das den einzigen knappen Produktionsfaktor darstellt. Das Granulat wird für 80 [GE/ME] von einem Lieferanten beschafft, der pro Periode nur 200 [ME] liefern kann. Das Unternehmen produziert 2 Typen von Stoßstangen, deren relevante Daten der folgenden Tabelle entnommen werden können.

Typ	Verkaufspreis [GE/ME]	Produktionskosten inkl. des Granulates [GE/ME]	Produktionskoeffizient [ME des Granulates pro Stoßstange]	Maximale Absatzmenge pro Periode
I	500	370	3	50
II	400	290	2	80

a) Errechnen Sie die pagatorischen und die wertmäßigen Kosten pro [ME] des Kunststoffgranulates unter der Annahme, daß das Unternehmen nach Gewinnmaximierung strebt!

b) Wie verhalten sich die errechneten Kostengrößen, wenn man annimmt, daß die Liefermenge des Granulates nicht beschränkt ist?

3.2.2 Kosteneinflußgrößen der Produktion

Eine generelle Kostenfunktion muß nicht nur die Ausbringungsmenge, sondern sämtliche auf noch zu treffende Entscheidungen (Aktionsparameter), auf bereits getroffene Entscheidungen (Sekundärdaten) und auf externe Daten (Primärdaten) zurückgehende Einflußgrößen umfassen, wenn sie eine allgemeingültige Erklärung für die Kostenhöhe geben soll. Erich Gutenberg prägte für Größen, die die Höhe der Kosten bestimmen, den Begriff *Kosteneinflußgrößen*.

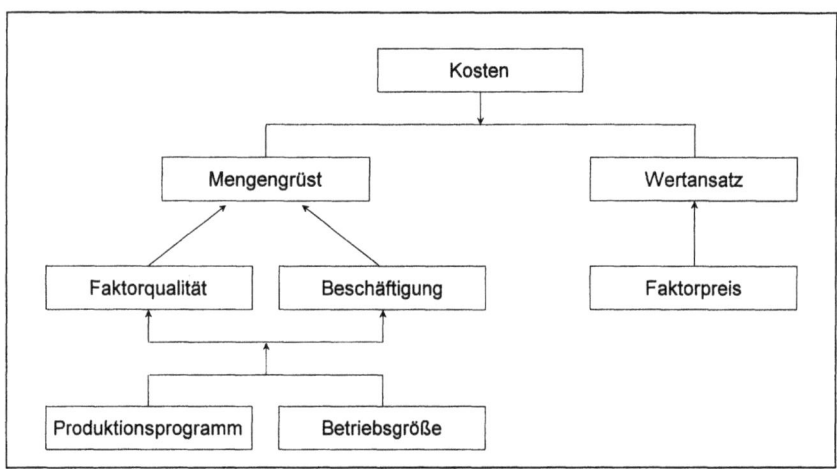

Abbildung 3.6: Kosteneinflußgrößen in der Produktion

Oben wurde erläutert, daß die Kosten das Produkt aus Faktoreinsatzmengen und Faktorpreisen sind. Folglich hängt das Produktionskostenniveau zum einen von den Faktoreinsatzmengen und zum anderen von den Faktorpreisen ab. Das Mengengerüst der Kosten hängt von vier Faktoren ab: der technischorganisatorischen Beschaffenheit der Produktionsbedingungen (Faktorqualitäten), den Proportionen, in denen die Faktoreinsatzmengen zueinander stehen (Faktorproportionen), der Betriebsgröße und dem *Produktionsprogramm*. Erste Kosteneinflußgröße ist somit die Änderung der *Faktorqualitäten*: Verbesserung der Arbeitsvorbereitung, laufende Erneuerung des Maschinenparks, Wechsel des Produktionsverfahrens, Einsatz neuer *Werkstoffe*, Schulung der Mitarbeiter usw.. Änderungen der Faktorproportionen ergeben sich, wenn die *Beschäftigung* des Betriebes variiert wird. Zweite Kosteneinflußgröße ist somit die Änderung der *Beschäftigung*. Änderungen der *Betriebsgröße* – soweit es sich nicht um eine multiple Betriebsgrößenänderung handelt – sind die dritte Kosteneinflußgröße: Die Produktionsausdehnung führt zu neuen Produktionsverfahren, die mit Änderungen der Faktorqualitäten und -proportionen verbunden sind. Veränderungen des Produktionsprogramms beeinflussen das Produktionskostenniveau und stellen deshalb die vierte Kosteneinflußgröße dar, die wiederum Rückwirkungen auf die Faktorqualitäten und -proportionen hat. Die fünfte Kosteneinflußgröße setzt an der Wertkomponente der Kosten an. Änderungen der *Faktorpreise* führen zu Produktionskostenänderungen (vgl. Abbildung 3.6). Letztlich hat man es mit drei originären Kosteneinflußgrößen zu tun: Änderungen in den Faktorqualitäten, der Beschäftigung und der Faktorpreise. Änderungen in den Faktorqualitäten bedeuten eine Änderung der produktiven Kombination und damit einen Übergang zu einer neuen Produktionsfunktion. Hier werden investitionstheoretische Probleme angeschnitten, die im folgenden ausgeklammert werden sollen.

Aufgabe 3.4: Kosteneinflußgrößen

Erich Gutenberg führte den Begriff der Kosteneinflußgrößen in die Kostentheorie ein. Als Größen, die die Höhe der Kosten beeinflussen, unterscheidet er: Faktorqualität, Beschäftigung, Betriebsgröße, Produktionsprogramm und Faktorpreis. Versuchen Sie, diese Kosteneinflußgrößen inhaltlich zu füllen, indem Sie, bezugnehmend auf eine Möbelfabrik, Beispiele für die Größen suchen.

Literaturhinweise:

Adam, D., Produktions-Management, 9. Auflage, Wiesbaden 1998, S. 261-300.

Adam, D. Entscheidungsorientierte Kostenbewertung, Wiesbaden 1970.

Gutenberg, E., Grundlagen der Betriebswirtschaftslehre, Band 1: Die Produktion, 23.Auflage, Berlin u.a. 1979, S. 1 ff., S. 298 ff. und S. 344 ff.

Heinen, E., Betriebswirtschaftliche Kostenlehre, 6. Auflage, Wiesbaden 1985.

Koch, H., Zur Frage des pagatorischen Kostenbegriffes, in: ZfB, 29. Jg. (1959), S. 8 ff.

Witte, Th., Produktionsfunktionen und ihre betriebswirtschaftliche Bedeutung, in: WISU, Heft 8 und 9, 1988.

4. Produktions- und Kostentheorie auf der Grundlage der Leontief-Produktionsfunktion

4.1 Allgemeine Kennzeichnung der Leontief-Produktionsfunktion

Zunächst sollen die Produktionsfunktionen mit direktem Mengenbezug erläutert werden. Produktionsfunktionen dieser Art führen Faktorverbräuche direkt und ohne weitere erklärende Variablen auf die Ausbringung zurück. Dazu zählt die *Leontief-Produktionsfunktion*.

Dieser Typ von Produktionsfunktion ist benannt nach Wassily Wassilowitsch Leontief (*1906 St. Petersburg, = 1999 New York), Professor an der Harvard Universität, Nobelpreisträger von 1973, der diese Art von funktionalem Zusammenhang seinen volkswirtschaftlichen Input-/Output-Analysen zugrunde legte. Die Leontief-Produktionsfunktion geht davon aus, daß alle Faktorverbräuche direkt proportional zur Ausbringungsmenge sind. Das heißt nichts anderes, als daß jede Mengeneinheit der Ausbringung eine vorgegebene gleichbleibende Menge eines jeden Faktors der Art i verbraucht. Dieser Verbrauch pro Mengeneinheit wird durch den Produktionskoeffizienten a_i gemessen und in Faktoreinheiten pro Mengeneinheit angegeben. Alle Einsatzfaktoren sind *limitational* und verhalten sich so wie der Einsatzfaktor Material im Beispiel des Abschnitts 3.1.

Man geht etwa wieder von n Faktoren aus, die in den Mengen $r_1, ..., r_n$ zur Verfügung stehen. Sie werden in Faktoreinheiten gemessen. Die entsprechenden Produktionskoeffizienten seien mit $a_1, ..., a_n$ bezeichnet. Sie geben für jeden Einsatzfaktor i den Verbrauch pro ME der Ausbringung in Einheiten des Einsatzfaktors an. Die Dimension lautet somit [FE/ME]. Dann gibt der Quotient r_i / a_i für jeden Faktor $i = 1, ..., n$ die Ausbringungsmengenbeschränkung an, die aus diesem Faktor resultiert. Für mögliche Ausbringungsmengen x, die aus vorgegebenen Einsatzmengen r_i (i = 1, ..., n) resultieren können, gilt also:

$x \leq r_i / a_i$ für $i = 1, ..., n$.

Damit legt im Einproduktfall der kleinste Quotient die größtmögliche Ausbringungsmenge fest. Es ergibt sich die Produktionsfunktion in der Maximum-Notation:

$x = \max \{x \mid x \leq r_i / a_i; i = 1, ..., n\}$.

In der Literatur wird in der Regel die Minimum-Notation:

$x = \min(r_1 / a_1, r_2 / a_2, ..., r_n / a_n)$

verwendet, wobei beide Definitionen äquivalent sind.

Diese Art der Produktionsfunktion liegt allen Produktionsplanungsansätzen der linearen Programmierung sowie den heutigen EDV-gestützten Produktionsplanungssystemen zugrunde. Unter Anwendungsgesichtspunkten stellt sie daher den bedeutsamsten Typ einer Produktionsfunktion dar. Die Annahme, daß Faktorverbräuche sich in erster Näherung linear in Abhängigkeit von der Ausbringungsmenge verhalten, ist eine in vielen Anwendungsfällen vertretbare Vereinfachung, insbesondere dann, wenn von vornherein auf eine Erklärung der Faktorverbräuche verzichtet wird, die über die Ausbringungsmenge hinausgeht.

Gibt man die Ausbringungsmenge vor und fragt nach den mindestens benötigten Faktoreinsatzmengen, so erhält man in diesem Fall die Verbrauchsfunktionen:

$r_i(x) = a_i \cdot x$ für $i = 1, ..., n$.

Sie stellen eindeutig die Anforderung dar, die eine Ausbringungsmenge x an die Einsatzfaktoren stellt, wenn man Verschwendung ausschließt.

4.2 Ein Zahlenbeispiel für den Einprodukt-Fall mit zwei Einsatzfaktoren

Das folgende Beispiel verfolgt den Zweck, das begriffliche, graphische und analytische Instrumentarium der Produktions- und Kostentheorie vorzustellen. Für den einfachen Fall, daß nur 2 Faktoren zum Einsatz kommen, läßt sich bei einer Produktart der mengenmäßige Zusammenhang auch graphisch darstellen. Die Abbildung 4.1 gibt einen Überblick über das zugrundeliegende produktive System.

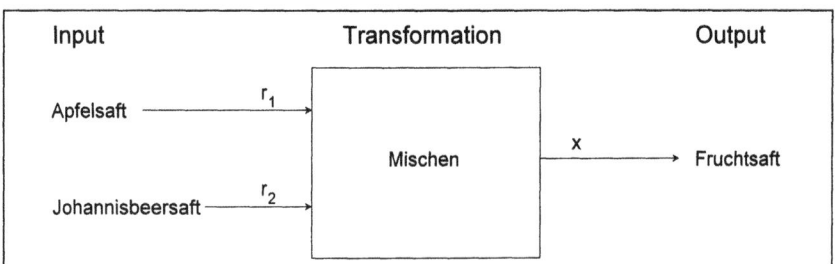

Abbildung 4.1: Die Fruchtsaftproduktion

Aus Apfelsaft und Johannisbeersaft soll ein bestimmter Fruchtsaft hergestellt werden. Dazu sollen diese beiden Komponenten im Verhältnis 3 : 1 gemischt werden. Drei Liter Apfelsaft und ein Liter Johannisbeersaft ergeben somit vier Liter Fruchtsaft. Das Mischungsverhältnis muß bei der Produktion eingehalten werden. Die Beispielsituation ist auf zwei Produktionsfaktoren reduziert worden. Produktive Elemente bleiben bei der folgenden Diskussion außen vor. Da es sich hier um einen Mischprozeß handelt, müssen die Einsatzmengen nicht ganzzahlig sein. Gleiches gilt für die Ausbringungsmenge.

Damit gilt: $n = 2$; $a_1 = 3/4$; $a_2 = 1/4$.

Mit den Bezeichnungen:

r_1 : Einsatzmenge Apfelsaft in [l],
r_2 : Einsatzmenge Johannisbeersaft in [l],
x : Ausbringungsmenge Fruchtsaft in [l],

ist dann: $x = \min(\frac{4}{3} \cdot r_1, 4 \cdot r_2)$.

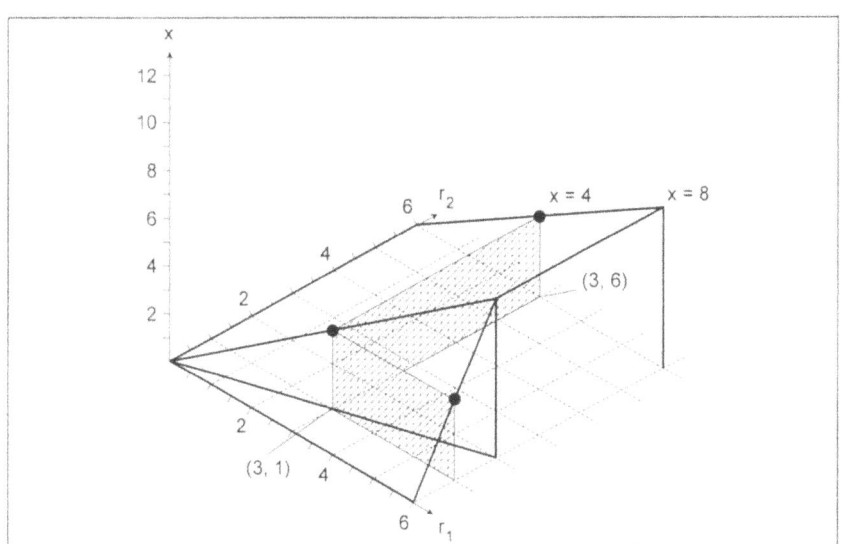

Abbildung 4.2: Die graphische Darstellung einer Leontief-Produktionsfunktion mit zwei Einsatzfaktoren

In Abbildung 4.2 ist der Zusammenhang zwischen Einsatzmengen und Ausbringungsmenge graphisch dargestellt. Es ist leicht zu sehen, daß eine Ausbringungsmenge von x = 8 [l] Fruchtsaft mit 6 [l] Apfelsaft und 2 [l] Johannisbeersaft gemischt werden kann. Aber auch bei Einsatz von jeweils 6 [l] Apfel- und Johannisbeersaft können aufgrund des vorgeschriebenen Mischungsverhältnisses nur 8 [l] Fruchtsaft gewonnen werden, so daß Faktorverschwendung vorliegt.

Diejenigen Kombinationen, bei denen keine Einsatzmengen verschwendet werden, liegen alle auf einer Ursprungsgeraden, einem sogenannten *Prozeßstrahl*. Für die Punkte auf diesem muß gelten: $r_1 / a_1 = r_2 / a_2$. Im Beispiel ist dieser Prozeßstrahl daher in der (r_1, r_2)-Ebene durch die folgende Gleichung gekennzeichnet:

$$r_2(r_1) = 1/3 \cdot r_1.$$

Auf dem Prozeßstrahl befinden sich ausschließlich *effiziente Punkte*, die dadurch gekennzeichnet sind, daß die Ausbringungsmenge, die durch die entsprechenden Einsatzmengen erreichbar ist, nicht mit weniger Faktoreinsatz herstellbar ist. Daher heißt ein Punkt (r_1, r_2) effizient, wenn es keinen Punkt (r_1', r_2') gibt mit

$$x(r_1, r_2) = x(r_1', r_2'),$$

für den $(r_1' < r_1$ und $r_2' \leq r_2)$ oder $(r_1' \leq r_1$ und $r_2' < r_2)$ gilt.

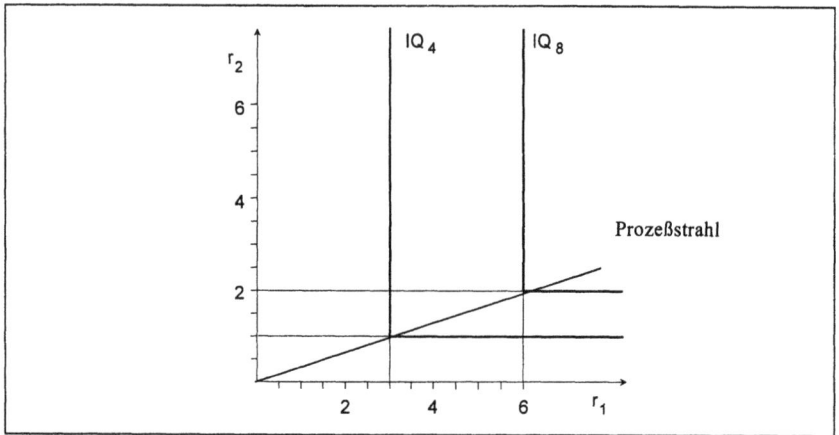

Abbildung 4.3: Isoquanten einer Leontief-Produktionsfunktion

Geht man von einem Punkt auf dem effizienten Prozeßstrahl aus und fügt den durch ihn gekennzeichneten Faktoreinsatzmengen nur etwas von dem einen oder anderen Faktor hinzu, läßt sich die Ausbringungsmenge wegen des geforderten Mischungsverhältnisses nicht steigern, sondern bleibt auf dem bisherigen Niveau. Diejenigen Punkte, die Faktoreinsatzmengenkombinationen mit gleicher Ausbringung darstellen, liegen daher auf Halbgeraden parallel zur r_1- und r_2-Achse mit Ursprung auf dem effizienten Prozeßstrahl.

Linien, die Punkte (Faktoreinsatzmengenkombinationen) mit gleicher Ausbringungsmenge verbinden, heißen *Isoquanten*. Sie entsprechen Höhenlinien auf einer Landkarte. Eine Isoquante IQ_c für ein vorgegebenes Ausbringungsniveau c stellt die Menge aller Einsatzmengenkombinationen dar, mit denen die vorgegebene Ausbringung c erreichbar ist. Abbildung 4.3 gibt zwei Isoquanten der Leontief-Produktionsfunktion des Fruchtsaft-Beispiels an. Für das Beispiel gilt also:

$$\begin{aligned} IQ_c &= \{\,(r_1, r_2) \mid x(r_1, r_2) = c\,\} \\ &= \{\,(r_1, r_2) \mid \min(r_1 / a_1, r_2 / a_2) = c\,\} \\ &= \{\,(r_1, r_2) \mid (r_1 / a_1 = c \text{ und } r_2 / a_2 \geq c) \text{ oder } (r_1 / a_1 \geq c \text{ und } r_2 / a_2 = c)\,\}\,. \end{aligned}$$

Werden die Einsatzmengen des ersten Faktors mit q_1 [GE/FE$_1$] und die des zweiten Faktors mit q_2 [GE/FE$_2$] bewertet, ergeben sich für jede Einsatzmengenkombination (r_1, r_2) Kosten [GE] in Abhängigkeit von den Einsatzmengen:

$$K(r_1, r_2) = q_1 \cdot r_1 + q_2 \cdot r_2 \text{ für } r_1 \geq 0 \text{ und } r_2 \geq 0\,.$$

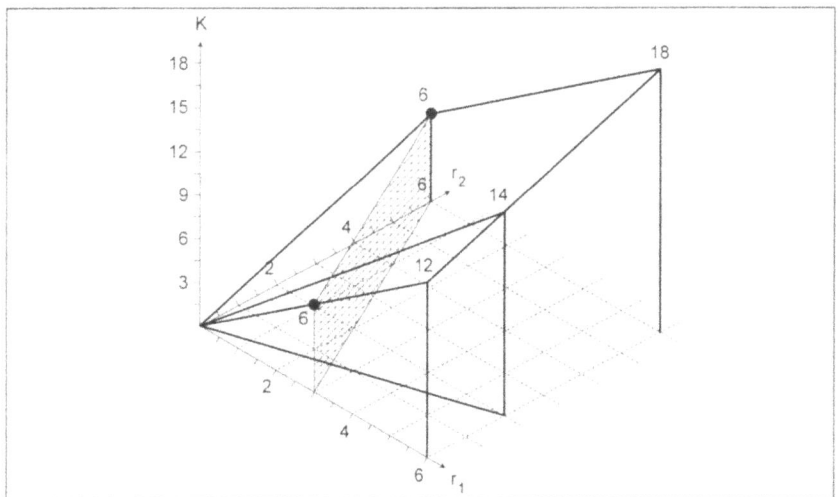

Abbildung 4.4: Darstellung einer linearen Kostenfunktion

Eine derartige Kostenfunktion ist linear hinsichtlich der Einsatzfaktoren, d. h., jede Einsatzmengeneinheit kostet unabhängig von der Einsatzhöhe gleich viel. Gilt im Beispiel $q_1 = 2$ [GE/l] und $q_2 = 1$ [GE/l], erhält man die Kostenfunktion:

$$K(r_1, r_2) = 2 \cdot r_1 + 1 \cdot r_2 \,.$$

In Abbildung 4.4 sind zusätzlich zur Kostenfunktion der Kostenverlauf für den effizienten Prozeßstrahl und die Isokostenlinie für K = 6 eingezeichnet.

Isokostenlinien fassen diejenigen Punkte zusammen, die Einsatzmengenkombinationen mit gleichen Kosten darstellen. Für jede gegebene Kostenhöhe d läßt sich eine Isokostenlinie IK_d definieren:

$$\begin{aligned} IK_d &= \{ (r_1, r_2) \mid K(r_1, r_2) = d \} \\ &= \{ (r_1, r_2) \mid q_1 \cdot r_1 + q_2 \cdot r_2 = d \} \,. \end{aligned}$$

Damit wird deutlich, daß Isokostenlinien Geraden in der (r_1, r_2)-Ebene sind, die sich wie folgt kennzeichnen lassen:

$$r_2(r_1) = - (q_1 / q_2) \cdot r_1 + d / q_2 \,.$$

In Abbildung 4.5 sind Isokostenlinien des Beispiels für verschiedene Kostenhöhen gezeichnet.

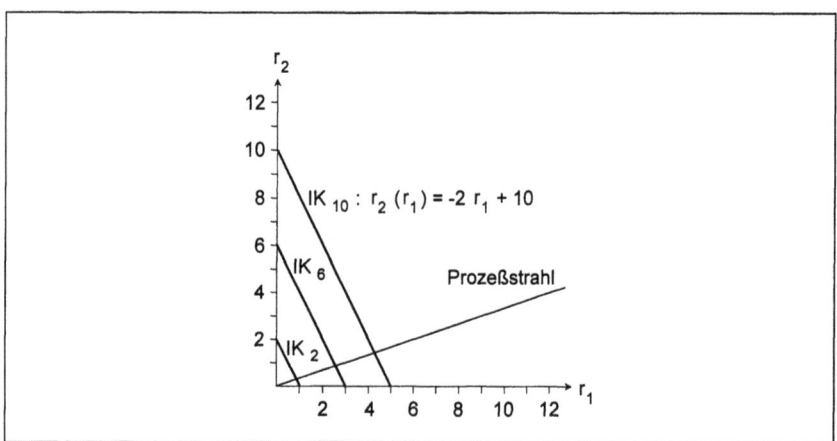

Abbildung 4.5: Isokostenlinien einer linearen Kostenfunktion

Die bislang entwickelten Produktions- und Kostenfunktionen lassen sich nutzen, um das *Wirtschaftlichkeitsprinzip* im Modell anzuwenden.

In der *Minimumversion* geht man von einer gegebenen Ausbringungsmenge x = const. aus. Gesucht sind Einsatzmengen r_1 und r_2, die die vorgegebene Ausbringungsmenge mit minimalen Kosten erreichen. Es gilt also, die Kostenfunktion

$$K(r_1, r_2) = q_1 \cdot r_1 + q_2 \cdot r_2$$

über die Einsatzmengen r_1 und r_2 zu minimieren unter der Nebenbedingung, daß die Ausbringungsmenge $x(r_1, r_2)$ konstant ist. In Abbildung 4.6 ist der Kostenverlauf für eine *Isoquante* einer Leontief-Produktionsfunktion dargestellt.

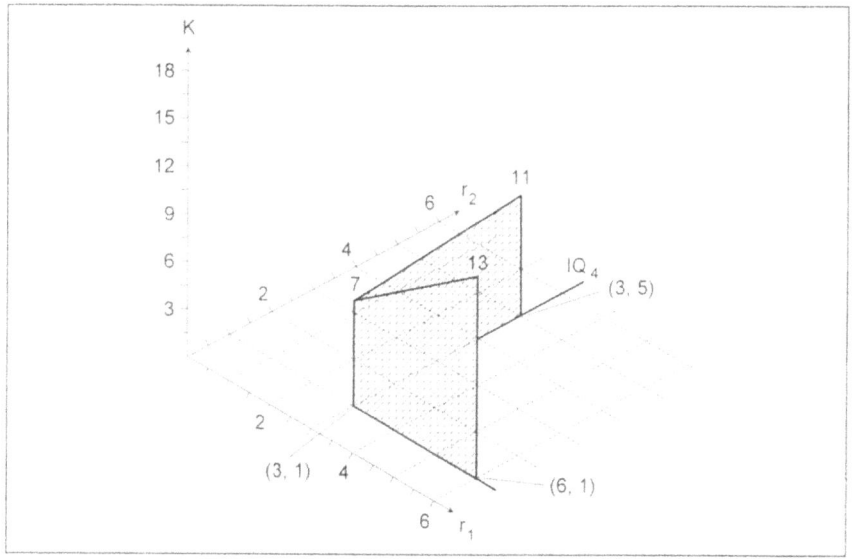

Abbildung 4.6: Kostenverlauf über einer Isoquante einer Leontief-Produktionsfunktion

Damit wird deutlich, daß die Kosten für eine vorgegebene Ausbringung x minimal sind, wenn $r_i = a_i \cdot x$ für i = 1, ..., n gilt. Dieses Ergebnis ist ja intuitiv auch zu erwarten, weil dann keine Faktoreinsatzmengen verschwendet werden.

In der *Maximumversion* des Wirtschaftlichkeitsprinzips ist ein Kostenbudget $K(r_1, r_2)$ vorgegeben. Es wird die maximale Ausbringung gesucht, die mit diesen Kosten erreicht werden kann. Es ist also die Produktionsfunktion

$$x(r_1, r_2) = \min(r_1 / a_1, r_2 / a_2)$$

über die Einsatzmengen zu maximieren unter der Nebenbedingung, daß die Kosten $K(r_1, r_2)$ konstant sind.

Abbildung 4.7 zeigt den Verlauf der Ausbringungsmengen für die Einsatzmengenkombinationen einer Isokostenlinie. Auch hier wird deutlich, daß das optimale Verhalten durch den effizienten *Prozeßstrahl* gekennzeichnet ist.

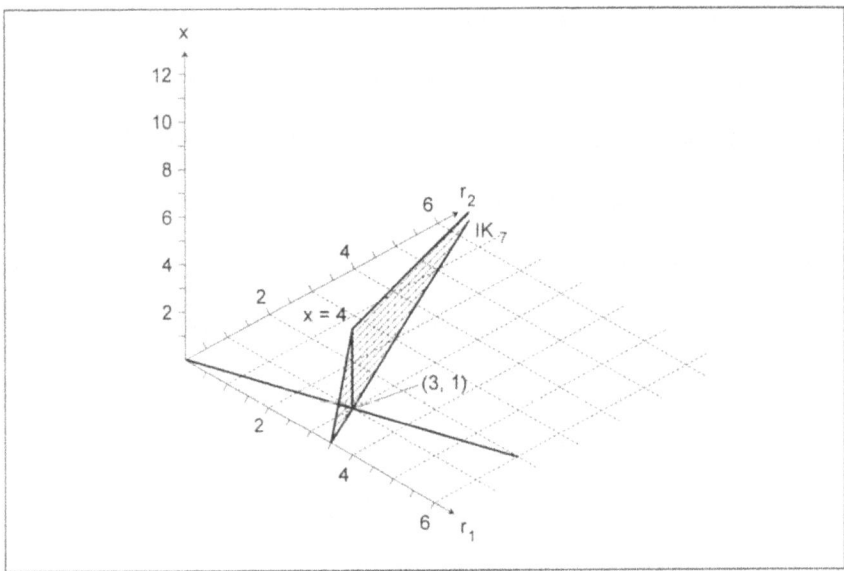

Abbildung 4.7: Das Ausbringungsverhalten über einer Isokostenlinie

Abschließend soll die Funktion der Kosten in Abhängigkeit von der Ausbringungsmenge für das Fruchtsaftgetränk aufgestellt werden. Hierzu geht man von der Funktion der Kosten in Abhängigkeit von den Einsatzmengen der beiden beteiligten Produktionsfaktoren Apfelsaft und Johannisbeersaft aus,

$K(r_1, r_2) = q_1 \cdot r_1 + q_2 \cdot r_2$,

und läßt nur solche Kombinationen der Faktoreinsatzmengen (r_1, r_2) zu, die effizient sind, d.h. auf dem Prozeßstrahl liegen. Für diese gilt bekanntlich:

$r_1 = a_1 \cdot x$ und $r_2 = a_2 \cdot x$.

Fügt man diese Verbrauchsfunktionen in die obige Kostengleichung ein, erhält man den gesuchten Zusammenhang zwischen Kosten und Ausbringungsmenge:

$K(x) = (q_1 \cdot a_1 + q_2 \cdot a_2) \cdot x$.

Für das betrachtete Zahlenbeispiel gilt daher $K(x) = (7/4) \cdot x$. Hierbei ist zu beachten, daß in dem gewählten Beispiel der Fruchtsaftproduktion nur sogenannte variable Produktionsfaktoren zum Einsatz kommen, die sich dadurch auszeichnen, daß ihre Verbrauchsmengen und mithin auch ihre Kosten ausschließlich durch die Höhe der Ausbringungsmenge bestimmt werden. Die abgeleitete Kostenfunktion spiegelt daher auch nur die variablen Kosten in Abhängigkeit von der Ausbringungsmenge wider.

Aufgabe 4.1: Leontief-Produktionsfunktion bei einstufiger Einproduktfertigung

Eine Zementfabrik stellt aus einem Sandgemisch und aus Zement einen speziellen Fertigmörtel her, der in Säcken à 50 [kg] verkauft wird. Pro Sack werden 40 [kg] Sandgemisch und 10 [kg] Zement benötigt, damit der Mörtel die gewünschten Eigenschaften hat. Dieses Mischungsverhältnis muß bei der Produktion eingehalten werden.

a) Zeichnen Sie ein Isoquantenschema in der (r_1, r_2)-Ebene und den Prozeßstrahl der effizienten Faktorkombinationen für die obige Produktionssituation. Geben Sie auch die Gleichungen des effizienten Prozeßstrahls und der Isoquante IQ_{100} an.

b) Stellen Sie den Zusammenhang zwischen der Mörtelausbringung x und den Einsatzmengen der beiden Faktoren r_1 (Zement) und r_2 (Sandgemisch) graphisch dar.

c) Als Preise für die Einsatzfaktoren gelten die folgenden Werte: Zement: $q_1 = 0,1$ [GE/kg]; Sandgemisch: $q_2 = 0,03$ [GE/kg]. Konstruieren Sie ein Kostengebirge über der (r_1, r_2)-Ebene, das die gegebenen Faktorpreise berücksichtigt. Zeichnen Sie beispielhaft eine Isokostenlinie für den Kostenbetrag $K(r_1, r_2) = 30,-$ [GE] ein.

d) Ermitteln Sie mit Hilfe der oben aufgestellten Produktions- und Kostenfunktionen die Einsatzmengenkombination (r_1, r_2), die eine Ausbringungsmenge von 100 [kg] mit minimalen Kosten erreicht. Stellen Sie die Situation graphisch dar.

e) Gesucht wird die maximale Ausbringung, die mit einem Kostenbudget von 30 [GE] erreicht werden kann. Erstellen Sie eine Graphik, die die Produktionsmengen über der Isokostenlinie IK_{30} abbildet.

f) Entwickeln Sie für die gegebene Produktionssituation die Funktion der Kosten in Abhängigkeit von der Ausbringungsmenge an Fertigmörtel. Welche Besonderheit weist diese Kostenfunktion auf?

4.3 Die Leontief-Produktionsfunktion bei mehrstufiger Einprodukt-Fertigung und die zugehörige Kostenfunktion

Auch für den eher der Praxis entsprechenden Fall der mehrstufigen Fertigung läßt sich ein linearer Zusammenhang zwischen Einsatzmengen und Ausbringungsmenge sowie der zugehörigen Kostenfunktion unterstellen. Die entsprechende Modellierung soll an einem sehr einfachen Beispiel erläutert werden.

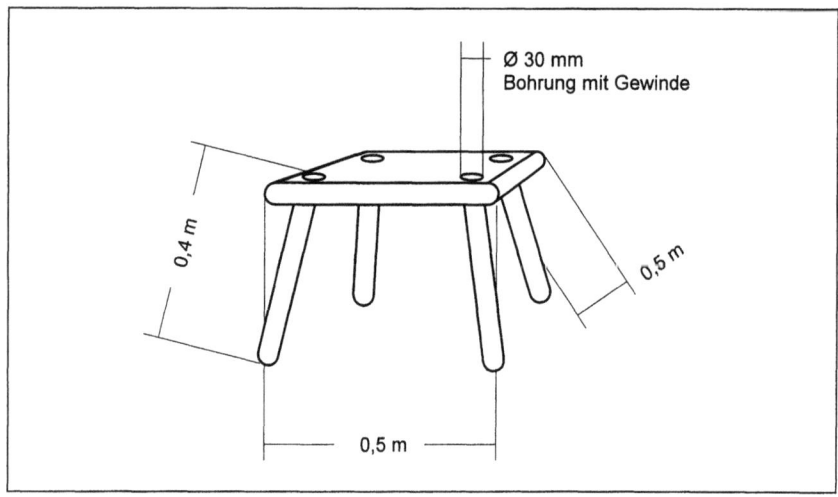

Abbildung 4.8: Konstruktionszeichnung für den Hocker

Das zu erstellende Produkt ist ein Hocker. Er hat als Bestandteile die Sitzfläche und die vier Beine. Eine Konstruktionsskizze ist in Abbildung 4.8 wiedergegeben.

Als Rohmaterial wird für die Sitzfläche eine Tischlerplatte (Buche) in der Abmessung 5 [cm] · 100 [cm] · 100 [cm] eingesetzt. Die Beine werden aus Kantholz (Buche) in der Abmessung 6 [cm] · 6 [cm] · 200 [cm] hergestellt. Die Produktion der Hocker erfolgt in einer Tischlerei, die im wesentlichen in der Form der Fließfertigung organisiert ist. Das Produktionssystem ist mit den eingesetzten Maschinen und dem Materialfluß in Abbildung 4.9 dargestellt. Die Sitzflächen werden in dem oberen Fertigungsbereich hergestellt. Zunächst werden die Platten auf der Plattensäge zerlegt, dann auf der Schleifmaschine geglättet und schließlich auf der Bohrmaschine mit Gewindebohrungen versehen, in die die Beine eingesetzt werden können.

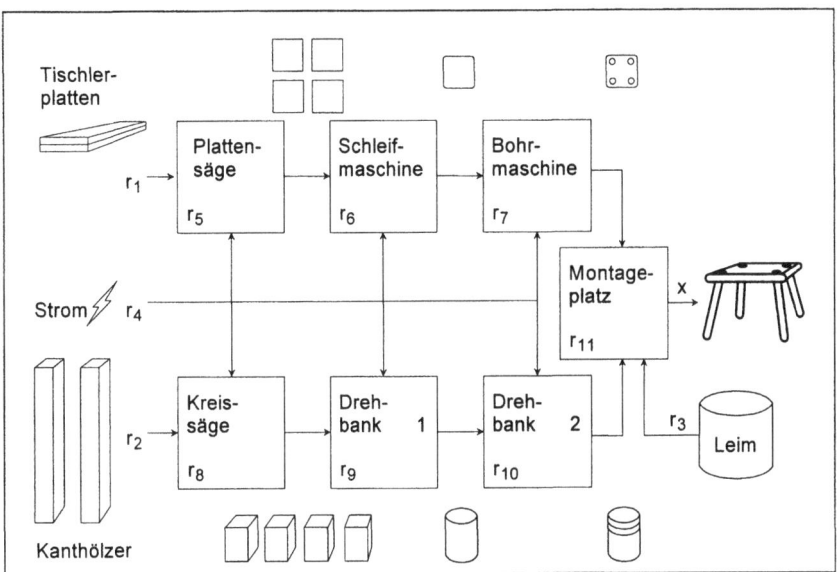

Abbildung 4.9: Ein mehrstufiges Produktionssystem für den Hocker

Die Beine werden im unteren Fertigungsbereich hergestellt. Zunächst werden auf der Kreissäge die Kanthölzer in entsprechende Stücke abgelängt, dann auf der Drehbank 1 rundgedreht und schließlich auf der Drehbank 2 mit einem Gewinde versehen. Alle Maschinen werden elektrisch jeweils mit einem 1000 [Watt] Motor angetrieben. Der Zusammenbau der Hocker erfolgt auf einem Montageplatz. Dabei wird neben den Teilen noch Leim benötigt. Für die Produktion werden 3 Werker eingesetzt. Die Arbeitskraft 1 erledigt das Sägen (Plattensäge und Kreissäge) und das Schleifen. Die Arbeitskraft 2 ist für das Drehen (Drehbank 1 und 2) und das Bohren zuständig. Arbeitskraft 3 baut die Hocker zusammen. In Abbildung 4.10 wird ein Überblick über die Einsatzfaktoren gegeben. Dabei sind die Faktoren nach Gruppen geordnet. Für jeden Faktor sind die entsprechende Mengenvariable, der zugehörige Produktionskoeffizient und seine Dimension angegeben. Die Produktionskoeffizienten beziehen sich dabei auf eine Mengeneinheit der Ausbringung. Sie müssen aus der Konstruktionszeichnung oder konkret vor Ort durch Messung und Beobachtung ermittelt werden. Natürlich müssen die Produktionskoeffizienten konsistent zueinander sein. So müssen die Vorgangszeiten der Maschinen und der Werker aufeinander abgestimmt sein, und der Stromverbrauch der Maschinen muß sich aus der Wattzahl des Aggregates und der Laufzeit pro Mengeneinheit ergeben.

Gruppe	Faktorname	Mengen-variable	Produktions-koeffizient	Dimension
Material	T.-Platte	r_1	$a_1 = 0{,}25$	[m²/ME]
	Kantholz	r_2	$a_2 = 2{,}00$	[m/ME]
Hilfsmaterial	Leim	r_3	$a_3 = 4{,}00$	[cm³/ME]
Energie	Strom	r_4	$a_4 = 0{,}47$	[kWh/ME]
Maschinen	P.-Säge	r_5	$a_5 = 1{,}00$	[min/ME]
	Schleifmaschine	r_6	$a_6 = 3{,}00$	[min/ME]
	Bohrmaschine	r_7	$a_7 = 4{,}00$	[min/ME]
	Kreissäge	r_8	$a_8 = 2{,}00$	[min/ME]
	Drehbank 1	r_9	$a_9 = 8{,}00$	[min/ME]
	Drehbank 2	r_{10}	$a_{10} = 10{,}00$	[min/ME]
	Montageplatz	r_{11}	$a_{11} = 4{,}00$	[min/ME]
Arbeitskraft	Werker 1	r_{12}	$a_{12} = 6{,}00$	[min/ME]
	Werker 2	r_{13}	$a_{13} = 22{,}00$	[min/ME]
	Werker 3	r_{14}	$a_{14} = 4{,}00$	[min/ME]

Abbildung 4.10: Tabelle der Einsatzfaktoren in der Tischlerei

Bezeichnet man mit x die Ausbringungsmenge, erhält man, ähnlich wie im Falle der einstufigen Produktion, als Produktionsfunktion:

$x = f(r_1, ..., r_{14}) = \min\{ r_i / a_i; i = 1, ..., 14 \}$.

Ein Prozeß ist effizient genau dann, wenn

$r_i = a_i \cdot x$ für $i = 1, ..., 14$ gilt.

Sind für die unterschiedlichen Faktorarten i Kostensätze q_i in [GE/FE$_i$] bekannt, ergibt sich folgende Kostenfunktion in Abhängigkeit von den Einsatzmengen:

$K(r_1, ..., r_{14}) = q_1 \cdot r_1 + q_2 \cdot r_2 + ... + q_{14} \cdot r_{14}$.

Die Kostensätze sind entsprechend den Faktorarten zu bestimmen, zum Beispiel in [EUR/min] für Arbeitskräfte und Maschinen oder in [EUR/m²] für die Tischlerplatte. Besteht das Endprodukt wie im Beispiel aus Teilen, die einzeln erstellt und dann zusammengebaut werden, ist es bei der Erstellung der Produktionsfunktion empfehlenswert, sich zunächst einen Überblick darüber zu verschaffen, welche Teile überhaupt benötigt werden, und anschließend den Faktorverbrauch für die Teile zu bestimmen. Durch Verknüpfung der Faktorverbräuche für die Teile sowie des Teilebedarfs pro Einheit des Endproduktes ergibt sich schließlich der Faktorverbrauch pro Mengeneinheit des Endproduktes. Diese

Vorgehensweise ist von Vorteil, weil es dafür klare Berechnungsvorschriften gibt, die sich leicht auf einem Rechner implementieren lassen. Die Abbildung 4.11 veranschaulicht diese Überlegungen noch einmal.

Abbildung 4.11: Der Prozeß zur Aufstellung einer Produktions- und Kostenfunktion

Eine Aufstellung aller benötigten Artikel bezeichnet man als *Stückliste*. Sie läßt sich sowohl für Fertigprodukte als auch für Halbfabrikate formulieren. Eine Stückliste ist somit eine Liste der Halbfabrikate und Werkstoffe, die zur Herstellung einer Mengeneinheit des betrachteten Fertig- oder Halbfabrikates benötigt werden. In der Abbildung 4.12 sind die Stücklisten für das Beispiel mit dem Hocker in Form von Baukastenstücklisten angegeben und durch einen Gozintographen dargestellt.

Ein *Gozintograph* ist ein gerichteter Graph aus Knoten und Pfeilen, der die Erzeugnisstruktur verdeutlicht. Von Rohstoffen über Zwischenprodukte zu Endprodukten wird an den Pfeilen angegeben, wieviel Mengeneinheiten eines vorgelagerten Artikels in eine Mengeneinheit des nachfolgenden Artikels eingehen. Jeder Knoten in einem Gozintographen repräsentiert mithin einen bestimmten Artikel (Rohstoff, Zwischenprodukt oder Fertigprodukt), und jeder Pfeil verkörpert einen oder mehrere Bearbeitungsvorgänge. Ursprünglich wurde das Wort Gozintograph aus der amerikanischen Floskel „the part that goes into" gebildet.

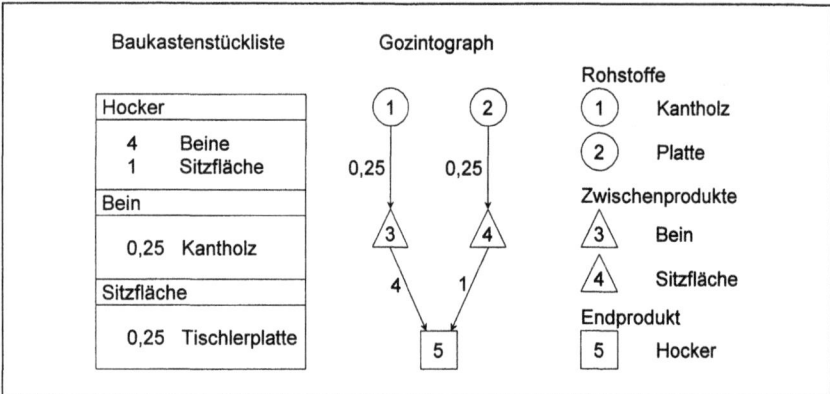

Abbildung 4.12: Stückliste und Gozintograph für den Hocker

Für jedes Halb- oder Fertigfabrikat läßt sich in einem *Arbeitsplan* beschreiben, wie es hergestellt werden soll. Der Arbeitsplan bezieht sich auf zwei direkt aufeinanderfolgende Ebenen der Baukastenstückliste und legt fest, wie ein Produkt der höheren Ebene, ausgehend von den Teilen oder Vormaterialien der niedrigeren Ebene, erstellt werden soll. Er ist daher eine Beschreibung der Herstellung eines Halb- oder Fertigfabrikates, die folgende Informationen enthalten sollte:

- Art und Menge des für einen Artikel benötigten Materials,
- Bearbeitungsvorgänge nach Art und Reihenfolge.

Für jeden Vorgang dabei:

- benötigtes Personal: Zeitbedarf pro Artikel,
- benötigte Maschinen: Zeitbedarf pro Artikel,
- benötigtes Werkzeug nach Art und Menge,
- benötigte Hilfsmittel nach Art und Menge.

In der Regel kann man davon ausgehen, daß die Nutzungsdauer des Werkzeugs und der Hilfsmittel pro Artikel proportional zur Maschinenbelegdauer und zum Verbrauch der entsprechenden Einsatzfaktoren ist. Im großen und ganzen stehen somit in den Arbeitsplänen – direkt oder leicht daraus ermittelbar – die Produktionskoeffizienten der Halb- und Fertigfabrikate für alle benötigten Produktionsfaktoren.

Die Abbildung 4.13 gibt den Arbeitsplan für die Herstellung eines Beines des Hockers wieder. Dabei wird der Bedarf eines Einsatzfaktors i für den Artikel z durch den Produktionskoeffizienten a^z_i angegeben, wobei alle Artikel durchnumeriert werden. Zum leichteren Verständnis ist die Bezeichnung des Einsatzfaktors jeweils dahinter noch einmal in Klammern angegeben. Der Bedarf des Werkers 2 für das Bein (Bein z = 3) setzt sich aus zwei Werten zusammen, da der Werker 2 zwei Arbeitsgänge ausführt. Zumeist sind weitere Informationen nötig, um einen vollständigen Überblick über die benötigten Einsatzfaktoren zu bekommen. So muß man im Beispiel Informationen aus der Anlagendatei, nämlich die Angaben über die Wattzahl der Maschinen, nutzen, um den Energieverbrauch pro Einheit zu ermitteln. Sind für jeden Artikel alle Produktionskoeffizienten bekannt, läßt sich bei Kenntnis des Gesamtbedarfs pro Halb- oder Fertigfabrikat die Produktionsfunktion für das Endprodukt ermitteln.

Materialbedarf	: $a^3{}_2$	= 0,5 [m/Bein]	(Kantholz)
Arbeitsgänge			
Zerlegen	: $a^3{}_8$	= 0,5 [min/Bein]	(Kreissäge)
	$a^3{}_{12}$	= 0,5 [min/Bein]	(Werker 1)
Runddrehen	: $a^3{}_9$	= 2,0 [min/Bein]	(Drehbank 1)
	$a^{3\text{-}1}{}_{13}$	= 2,0 [min/Bein]	(Werker 2)
Gewindedrehen	: $a^3{}_{10}$	= 2,5 [min/Bein]	(Drehbank 2)
	$a^{3\text{-}2}{}_{13}$	= 2,5 [min/Bein]	(Werker 2)
	$a^3{}_{13}$	= $a^{3\text{-}1}{}_{13} + a^{3\text{-}2}{}_{13}$ = 4,5	(Werker 2)

Abbildung 4.13: Arbeitsplan für ein Bein des Hockers

Insgesamt ergibt sich damit eine systematische, schrittweise Vorgehensweise zur Ermittlung der Einsatzfaktormengen, die pro Mengeneinheit der Ausbringung benötigt werden:

1. Schritt: Festlegung des Direktbedarfs an Artikeln durch eine Stückliste,

2. Schritt: Ermittlung des Artikelgesamtbedarfs pro Einheit der Ausbringung,

3. Schritt: Ermittlung der pro Artikel direkt benötigten Einsatzfaktormengen auf der Grundlage der Arbeitspläne und weiterer Dateien,

4. Schritt: Ermittlung der insgesamt pro Mengeneinheit der Ausbringung benötigten Einsatzfaktormengen.

4.4 Der Zusammenhang zwischen Direktbedarf, Gesamtbedarf und Produktionsfunktion

Ausgehend von der Stückliste läßt sich der Direktbedarf in Form einer Matrix N angeben. Die Matrix N für den Direktbedarf ist ein quadratisches Zahlenschema, in dem jedes Element $n_{z,s}$ durch einen Zeilenindex z und einen Spaltenindex s gekennzeichnet ist. Die Indizes z und s durchlaufen jeweils sämtliche Artikel. Gibt es insgesamt p unterschiedliche Artikel, ist N eine Matrix der Form

$$N = \{ n_{z,s} \mid z, s = 1, 2, ..., p \}.$$

Jedes Element $n_{z,s}$ gibt an, wieviel Artikel der Art z in einem Artikel der Art s enthalten sind.

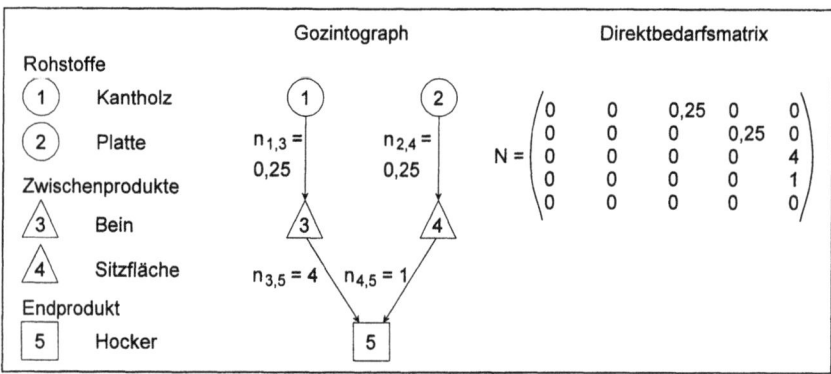

Abbildung 4.14: Gozintograph und Direktbedarfsmatrix für das Hockerbeispiel

In der Abbildung 4.14 sind der *Gozintograph* mit durchnumerierten Artikeln und die *Direktbedarfsmatrix* für das Beispiel mit dem Hocker angegeben. Durch eine Numerierung der Artikel entsprechend der Reihenfolge der Fertigungsstufen läßt sich bei linearen Produktionsstrukturen immer erreichen, daß die Direktbedarfsmatrix unterhalb der Hauptdiagonale nur Nullen enthält. Da ferner keine Materialart und kein Produkt in sich selbst eingehen, sind auch die Werte auf der Hauptdiagonale gleich null, so daß eine „obere Dreiecksmatrix" vorliegt. Der Gesamtbedarf an Artikeln für eine vorgegebene Anzahl von Endprodukten läßt sich dann systematisch mit Hilfe der Direktbedarfsmatrix ausrechnen. Das soll zunächst am Beispiel erläutert werden. Mit g_z werde der Gesamtbedarf des Artikels z für eine Einheit des Endproduktes bezeichnet. Für jeden

Artikel z läßt sich durch eine Gleichung kennzeichnen, in welche Artikel und in welchen Mengen der vorgegebene Artikel eingeht. Durch das folgende Gleichungssystem ist der Gesamtbedarf für einen Hocker festgelegt:

$g_5 = 1$
$g_4 = 1 \cdot g_5$
$g_3 = 4 \cdot g_5$
$g_2 = ¼ \cdot g_4$
$g_1 = ¼ \cdot g_3$.

Wird dieses Gleichungssystem in der üblichen Schreibweise aufgeschrieben, d.h. mit den Variablen auf der linken und den Konstanten auf der rechten Seite des Gleichheitszeichens, ergibt sich das folgende Gleichungssystem:

$g_1 - ¼ \cdot g_3 = 0$
$g_2 - ¼ \cdot g_4 = 0$
$g_3 - 4 \cdot g_5 = 0$
$g_4 - 1 \cdot g_5 = 0$
$g_5 = 1$.

Allgemein gilt, daß sich für den Gesamtbedarf des Endproduktes g_p, im Beispiel ist p gleich 5, der Wert 1 vorgeben läßt. Für die restlichen Artikel z mit $1 \leq z < p$ gilt dann jeweils die Gleichung:

$g_z - n_{z,z+1} \cdot g_{z+1} - \ldots - n_{z,p} \cdot g_p = 0$.

Für das Gleichungssystem ergibt sich folgende *Koeffizientenmatrix:*

g1	g2	g3	g4	g5	Rechte Seite := b
1	0	-0,25	0	0	0
0	1	0	-0,25	0	0
0	0	1	0	-4	0
0	0	0	1	-1	0
0	0	0	0	1	1

Allgemein gilt:

$$(E - N) = \begin{bmatrix} 1 & -n_{1,2} & -n_{1,3} & \cdots & -n_{1,p} \\ 0 & 1 & & & -n_{2,p} \\ \vdots & & \ddots & & \vdots \\ 0 & 0 & & & -n_{p-1,p} \\ 0 & 0 & 0 & \cdots & 1 \end{bmatrix}$$

Mit b als *Endbedarfsvektor*, g als Variablenvektor für den Artikelbedarf und E als Einheitsmatrix läßt sich der Gesamtzusammenhang in Matrixschreibweise wie folgt entwickeln:

$(E - N) \cdot g = b$ mit $g' = (g_1 \ldots g_p)$.

Durch Auflösen nach dem Variablenvektor erhält man als Bestimmungsgleichung für den Variablenvektor:

$(E-N)^{-1} \cdot b = g$.

Dabei ist $(E-N)^{-1}$ die Inverse der Matrix $(E-N)$. Sie wird als *Gesamtbedarfsmatrix* bezeichnet.

(E-N)					E					Rechenschritt
1	0	-0,25	0	0	1	0	0	0	0	
0	1	0	-0,25	0	0	1	0	0	0	
0	0	1	0	-4	0	0	1	0	0	
0	0	0	1	-1	0	0	0	1	0	nZ4 := aZ4 + Z5
0	0	0	0	1	0	0	0	0	1	
1	0	-0,25	0	0	1	0	0	0	0	
0	1	0	-0,25	0	0	1	0	0	0	
0	0	1	0	-4	0	0	1	0	0	nZ3 := aZ3 + 4 · Z5
0	0	0	1	0	0	0	0	1	1	
0	0	0	0	1	0	0	0	0	1	
1	0	-0,25	0	0	1	0	0	0	0	
0	1	0	-0,25	0	0	1	0	0	0	nZ2 := aZ2 + 0,25 · Z4
0	0	1	0	0	0	0	1	0	4	
0	0	0	1	0	0	0	0	1	1	
0	0	0	0	1	0	0	0	0	1	
1	0	-0,25	0	0	1	0	0	0	0	nZ1 := aZ1 + 0,25 · Z3
0	1	0	0	0	0	1	0	0,25	0,25	
0	0	1	0	0	0	0	1	0	4	
0	0	0	1	0	0	0	0	1	1	
0	0	0	0	1	0	0	0	0	1	
1	0	0	0	0	1	0	0,25	0	1	
0	1	0	0	0	0	1	0	0,25	0,25	
0	0	1	0	0	0	0	1	0	4	*Hinweis:*
0	0	0	1	0	0	0	0	1	1	nZ := neue Zeile
0	0	0	0	1	0	0	0	0	1	aZ := alte Zeile
E					(E-N)⁻¹					

Abbildung 4.15: Schema zur Berechnung der Inversen

Werden die Elemente der Gesamtbedarfsmatrix mit $g_{z,s}$ bezeichnet, gibt jedes derartige Element die Gesamtmenge an Vorprodukten der Art z an, die in eine

Einheit des Halb- oder Fertigfabrikates s eingehen. Da die Koeffizientenmatrix (E-N) eine obere Dreiecksmatrix ist, kann die Gesamtbedarfsmatrix als Inverse leicht ermittelt werden.

Für das Beispiel läßt sich der Rechenvorgang an Abbildung 4.5 nachvollziehen. Dabei bildet die Koeffizientenmatrix (E-N) in der oberen linken Ecke den Ausgangspunkt. Ihr wird eine entsprechende Einheitsmatrix E gegenübergestellt. Nach der schrittweisen Überführung der Koeffizientenmatrix in eine Einheitsmatrix ergibt sich die Gesamtbedarfsmatrix $(E-N)^{-1}$ in der unteren rechten Ecke des Schemas.

Ein Element $g_{z,s}$ der Gesamtbedarfsmatrix, das sich in der Zeile z und der Spalte s befindet, gibt den Gesamtbedarf an Artikel z in einem Artikel s an. Damit ist klar, daß in der letzten Spalte der Gesamtbedarf für eine Einheit des Endproduktes zu finden ist:

$(E-N)^{-1} \cdot b = g$.

$$\begin{bmatrix} 1 & 0 & 0{,}25 & 0 & 1 \\ 0 & 1 & 0 & 0{,}25 & 0{,}25 \\ 0 & 0 & 1 & 0 & 4 \\ 0 & 0 & 0 & 1 & 1 \\ 0 & 0 & 0 & 0 & 1 \end{bmatrix} \begin{bmatrix} 0 \\ 0 \\ 0 \\ 0 \\ 1 \end{bmatrix} = \begin{bmatrix} g_1 = 1 \\ g_2 = 0{,}25 \\ g_3 = 4 \\ g_4 = 1 \\ g_5 = 1 \end{bmatrix}$$

Der Verbrauch a_i^z eines Faktors i für eine Einheit des Artikels z läßt sich direkt dem Arbeitsplan entnehmen oder aus den dort angegebenen Daten ermitteln. Dann läßt sich mit Hilfe des Artikelgesamtbedarfs der Gesamtverbrauch a_i des Faktors i pro Einheit der Ausbringungsmenge nach folgender Formel berechnen:

$$a_i = \sum_{z=1}^{p} g_{z,p} a_i^z \quad \text{für } i = 1, \ldots, n.$$

Sind Faktoreinsatzmengen $r_1, \ldots, r_n$ vorgegeben, läßt sich die mögliche Ausbringungsmenge durch folgende Funktion ausdrücken:

$$x = \min\left\{\frac{r_i}{a_i}; i = 1, \ldots, n\right\}$$

$$\Rightarrow \quad x = \min\left\{ r_i \bigg/ \sum_{z=1}^{p} g_{z,p} a_i^z ; i = 1, \ldots, n \right\}.$$

Kennt man darüber hinaus für $i = 1, \ldots, n$ die Kostensätze q_i pro Einheit des Einsatzfaktors i, läßt sich die *Kostenfunktion* in Abhängigkeit von der Ausbringungsmenge x bei Unterstellung eines effizienten Prozesses wie folgt ausdrücken:

$$K(x) = \sum_i q_i \cdot a_i \cdot x$$

$$\Rightarrow \quad K(x) = x \cdot \left(\sum_i q_i \cdot a_i \right)$$

$$\Rightarrow \quad K(x) = x \cdot \left(\sum_i q_i \cdot \left(\sum_{z=1}^{p} g_{z,p} a_i^z \right) \right).$$

Der letzten Formel ist zu entnehmen, wie sich die Fertigungskosten für eine vorgegebene Ausbringungsmenge aus Stückkosten herleiten lassen, die aus dem Faktorverbrauch für die pro Stück insgesamt benötigten Artikel resultieren.

Aufgabe 4.2: Arbeitsplan, Stückliste, Direktbedarf, Gesamtbedarf

In Abschnitt 4.3 wurde ein Tischlereibetrieb untersucht, der Hocker produziert. Das zugehörige Produktionssystem wird in der Abbildung 4.9 dargestellt. Der Tischlereimeister plant, als Variante des Hockers einen Stuhl in das Produktionsprogramm aufzunehmen. Dazu soll einfach eine Lehne an den Hocker gebaut werden. Die Lehne des Stuhls besteht aus einer oberen Querstrebe (0,5 [m]) und fünf aufrechten Streben (0,4 [m]). Die Streben werden aus einem Kantholz geschnitten, das die Maße $2,5 \cdot 0,02 \cdot 0,04$ [m] hat. Die Querstrebe wird auf der Schleifmaschine in zwei Minuten geglättet und dann auf der Bohrmaschine in einer Minute mit fünf Löchern versehen. Die aufrechten Streben werden auf der Drehbank 1 in jeweils 1,5 Minuten in eine abgerundete Form gebracht; auf Drehbank 2 wird an jede Seite der Streben ein Zapfen gedreht. Pro Zapfen wird eine halbe Minute eingeplant. Der Sitz und die Beine des Stuhls entsprechen den Teilen des Hockers. Der Sitz muß auf der Bohrmaschine mit 5 zusätzlichen Löchern zur Aufnahme der Streben versehen werden.

a) Fertigen Sie eine Konstruktionszeichnung für den Stuhl, und erstellen Sie eine zugehörige Stückliste.

b) Entwickeln Sie analog zum vorgegebenen Produktionssystem des Hockers eines für den Stuhl. Welche Änderungen ergeben sich für die Zeit- und Mengendaten der Einsatzfaktoren?

c) Erstellen Sie einen Arbeitsplan für eine aufrechte Strebe und einen für den Sitz.

d) Ermitteln Sie mit Hilfe von Arbeitsplan und Stückliste über die Direktbedarfsmatrix durch Matrixinversion die Gesamtbedarfsmatrix, die die pro Stuhl benötigten Einsatzfaktormengen angibt.

4.5 Die Leontief-Produktionsfunktion bei mehrstufiger Mehrprodukt-Fertigung

Bei der industriellen Fertigung werden in der Regel mehrere Produkte in ein und demselben Fertigungssystem hergestellt. Das Fertigungssystem ist in der Mehrzahl der Fälle in unterschiedliche Produktionsstufen gegliedert. Die dabei vorherrschenden Zusammenhänge lassen sich am einfachsten an einem Beispiel verdeutlichen. In der Tischlerei aus dem Abschnitt 4.3 sollen neben vierbeinigen Hockern noch dreibeinige Hocker hergestellt werden.

Abbildung 4.16 gibt den Gozintographen für die beiden Endprodukte wieder. Dazu ist lediglich der schon bekannte Gozintograph um ein weiteres Endprodukt sowie um den Sitz des dreibeinigen Hockers als weiteres Zwischenprodukt zu ergänzen, und die entsprechenden Direktbedarfe sind einzutragen. Damit läßt sich die gleiche Analyse wie für den Einproduktfall durchführen.

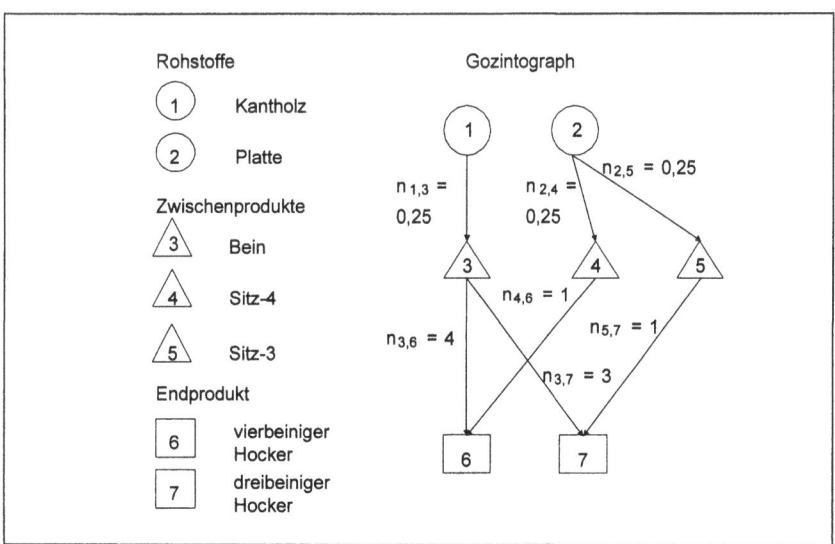

Abbildung 4.16: Gozintograph für zwei Endprodukte

Nachfolgend sind die entsprechende Direktbedarfsmatrix N, die Koeffizientenmatrix (E–N) und die Gesamtbedarfsmatrix (E–N)⁻¹ angegeben:

$$N = \begin{pmatrix} 0 & 0 & 0{,}25 & 0 & 0 & 0 & 0 \\ 0 & 0 & 0 & 0{,}25 & 0{,}25 & 0 & 0 \\ 0 & 0 & 0 & 0 & 0 & 4 & 3 \\ 0 & 0 & 0 & 0 & 0 & 1 & 0 \\ 0 & 0 & 0 & 0 & 0 & 0 & 1 \\ 0 & 0 & 0 & 0 & 0 & 0 & 0 \\ 0 & 0 & 0 & 0 & 0 & 0 & 0 \end{pmatrix} \quad (E-N) = \begin{pmatrix} 1 & 0 & -0{,}25 & 0 & 0 & 0 & 0 \\ 0 & 1 & 0 & -0{,}25 & -0{,}25 & 0 & 0 \\ 0 & 0 & 1 & 0 & 0 & -4 & -3 \\ 0 & 0 & 0 & 1 & 0 & -1 & 0 \\ 0 & 0 & 0 & 0 & 1 & 0 & -1 \\ 0 & 0 & 0 & 0 & 0 & 1 & 0 \\ 0 & 0 & 0 & 0 & 0 & 0 & 1 \end{pmatrix}$$

$$(E-N)^{-1} = \begin{pmatrix} 1 & 0 & 0{,}25 & 0 & 0 & 1 & 0{,}75 \\ 0 & 1 & 0 & 0{,}25 & 0{,}25 & 0{,}25 & 0{,}25 \\ 0 & 0 & 1 & 0 & 0 & 4 & 3 \\ 0 & 0 & 0 & 1 & 0 & 1 & 0 \\ 0 & 0 & 0 & 0 & 1 & 0 & 1 \\ 0 & 0 & 0 & 0 & 0 & 1 & 0 \\ 0 & 0 & 0 & 0 & 0 & 0 & 1 \end{pmatrix}$$

Den letzten beiden Spalten der Matrix (E–N)⁻¹ sind die Gesamtbedarfe an Artikeln für die beiden Endprodukte zu entnehmen. Dies geschieht durch Multiplikation der Matrix mit einem Einheitsvektor $e_6 = (0\,0\,0\,0\,0\,1\,0)$ beziehungsweise $e_7 = (0\,0\,0\,0\,0\,0\,1)$. Über den Artikelbedarf pro Produkteinheit läßt sich, wie im Einproduktfall, der Bedarf an Einsatzfaktormengen ermitteln. Im folgenden wird der Zusammenhang allgemein dargestellt.

In dem betrachteten Fertigungssystem werden die Endprodukte j = 1,..., m hergestellt. Der Faktorverbrauch a_{ij} des Faktors i für das Endprodukt j läßt sich dann auf der Grundlage des Gesamtbedarfs $g_{z,p-m+j}$ an Artikeln z für das Endprodukt j sowie der Produktionskoeffizienten a^z_i der Faktoren i in den Arbeitsplänen der Artikel z bestimmen:

$$a_{ij} = \sum_{z=1}^{p} g_{z,p-m+j} a^z_i \quad \text{für } i = 1, ..., n \text{ und } j = 1, ..., m.$$

Die Größe a_{ij} stellt somit einen Produktionskoeffizienten dar, der in Faktoreinheiten des Faktors i den Verbrauch pro Ausbringungseinheit des Endproduktes j angibt. Jetzt läßt sich formulieren, welche Ausbringungsmengen $x_1, ..., x_m$ bei vorgegebenen Faktoreinsatzmengen herstellbar sind.

Alle Kombinationen von Ausbringungsmengen sind möglich, für die

$$\sum_{j=1}^{m} a_{ij} \cdot x_j \leq r_i \quad \text{für } i=1, ..., n$$

gilt. Die Ausbringungsmengenkombinationen müssen also ein Ungleichungssystem erfüllen, das sicherstellt, daß von keinem Einsatzfaktor mehr verbraucht wird, als vorhanden ist. Da die Einsatzfaktoren für die unterschiedlichen Produkte genutzt werden können, ist die Festlegung in der Regel nicht eindeutig. Mit zwölf Hockerbeinen lassen sich zum Beispiel vier dreibeinige oder drei vierbeinige Hocker herstellen. Damit ist klar, daß die vorliegende Produktionsfunktion keine *Funktion*, sondern eine *Relation* im mathematischen Sinne ist, da keine eindeutige Zuordnung zwischen Faktoreinsatzmengen und Ausbringungsmengen vorliegt.

Für vorgegebene Ausbringungsmengen $x_1, ..., x_m$ ergeben sich bei Unterstellung effizienter Prozesse dann Kosten in Höhe von

$$K(x_1,...,x_m) = \sum_{i=1}^{n} q_i \left(\sum_{j=1}^{m} a_{ij} \cdot x_j \right)$$

$$\Rightarrow K(x_1,...,x_m) = \sum_{i=1}^{n} q_i \left(\sum_{j=1}^{m} \left(\sum_{z=1}^{p} g_{z,p-m+j} a_i^z \right) \cdot x_j \right).$$

Damit ist dargestellt, wie man bei linearen Zusammenhängen auf systematischem Wege über den Artikelbedarf der Produkte und den Faktorverbrauch pro Artikel zu realitätsrelevanten Produktions- und *Kostenfunktionen* kommen kann. Diese bilden in der Praxis die Grundlage für Überlegungen im Rahmen von EDV-gestützten Produktionsplanungssystemen. Wie schon das einfache Tischlereibeispiel zeigt, sind Konkretisierungen auch in diesen Fällen nicht trivial. Trotzdem sind derartige Überlegungen in der Literatur kaum zu finden. Die Literatur beschäftigt sich häufiger mit Modellen, die zwar praktisch weniger relevant, dafür aber für mathematische Überlegungen ergiebiger sind.

Aufgabe 4.3: Leontief-Produktionsfunktion bei mehrstufiger Mehrproduktfertigung

Das Produktionsprogramm eines Tischlereibetriebes besteht aus verschiedenen Sitzmöbeln. Es werden Stühle, dreibeinige und vierbeinige Hocker hergestellt. Die Stücklisten und Arbeitspläne der Möbel entsprechen den getroffenen Annahmen. Verwenden Sie im folgenden für die Teilearten eine einheitliche Notation: r_1 Kantholz 1, r_2 Platte, r_3 Kantholz 2, ZP_1 Bein,

ZP_2 Sitzfläche, ZP_3 Querstrebe, ZP_4 Strebe, EP_1 dreibeiniger Hocker, EP_2 vierbeiniger Hokker und EP_3 Stuhl.

a) Was versteht man unter einem Gozintographen? Entwickeln Sie einen Gozintographen, der die oben beschriebene mehrstufige Mehrproduktfertigung abbildet.

b) Geben Sie die zugehörige Direktbedarfsmatrix N an, und ermitteln Sie durch Matrixinversion die Gesamtbedarfsmatrix $(E-N)^{-1}$.

c) Wie hoch ist der Gesamtbedarf an Rohstoffen und Zwischenprodukten, wenn in der Tischlerei 24 Stühle, 40 dreibeinige Hocker und 24 vierbeinige Hocker produziert werden sollen?

d) Der Faktorverbrauch a_{ij} des Faktors i für das Endprodukt j berechne sich nach folgender Formel:

$$a_{ij} = \sum_{z=1}^{p} g_{z,p-m+j} \cdot a_i^z .$$

Wie berechnet sich der Faktorverbrauch des Faktors Kantholz 2 für das Endprodukt Stuhl?

e) Gegeben sind die Preise q_i pro ME der Einsatzfaktoren r_i:

$q_1 = 8,-$ [EUR/ME], $q_2 = 20,-$ [EUR/ME], $q_3 = 10,-$ [EUR/ME] .

Welche Kosten ergeben sich für den Produktionsplan aus Aufgabenteil c)? Erklären Sie die Bestandteile der folgenden Kostenfunktion:

$$K(x_1,...,x_m) = \sum_{i=1}^{n} q_i \left(\sum_{j=1}^{m} \left(\sum_{z=1}^{p} g_{z,p-m+j} \cdot a_i^z \right) \cdot x_j \right).$$

Literaturhinweise:

Bloech, J., Lücke, W., Produktionswirtschaft, Stuttgart, New York 1982, S. 81 ff., S. 158 ff. und S.160 ff.

Fandel, G., Produktion I. Produktions- und Kostentheorie, 5. Auflage, Berlin, Heidelberg 1996.

Leontief, W., Studies in the Structure of the American Economy, New York 1953.

Müller-Merbach, H., Die Inversion von Gozinto-Matrizen mit einem graphenorientierten Verfahren, in: Elektronische Datenverarbeitung, Heft 7, 1969, S. 310-314.

Vaszonyi, A., Die Planungsrechnung in Wirtschaft und Industrie, Wien, München 1962.

Witte, Th., Materialbedarfsplanung, in: Handwörterbuch der Produktionswirtschaft, hrsg. von Kern, W., 2. Auflage, Stuttgart 1996, Sp. 1168-1183.

5. Weitere Produktions- und Kostenfunktionen

5.1 Ertragsgesetzliche Produktions- und Kostenfunktionen

Ertragsgesetzliche Zusammenhänge wurden erstmalig von dem französischen Verwaltungsbeamten Anne Robert Jacques Turgot formuliert, der von 1727 bis 1781 lebte. Turgot stellte fest, daß die Erntemenge einer mit einer gegebenen Menge Saatguts bestellten Bodenfläche bei wachsender Bearbeitungshäufigkeit zunächst überproportional, dann unterproportional ansteigt und schließlich sogar abnimmt. Die Erhöhung der Einsatzmenge des Faktors Arbeit bei Konstanz der übrigen Faktoren führt daher zuerst zu positiv wachsenden Ertragszuwächsen, dann positiv fallenden und schließlich sogar negativen Ertragszuwächsen. Abbildung 5.1 zeigt, wie der Ertrag x sich in Abhängigkeit von der Bearbeitungshäufigkeit r_1 darstellen läßt.

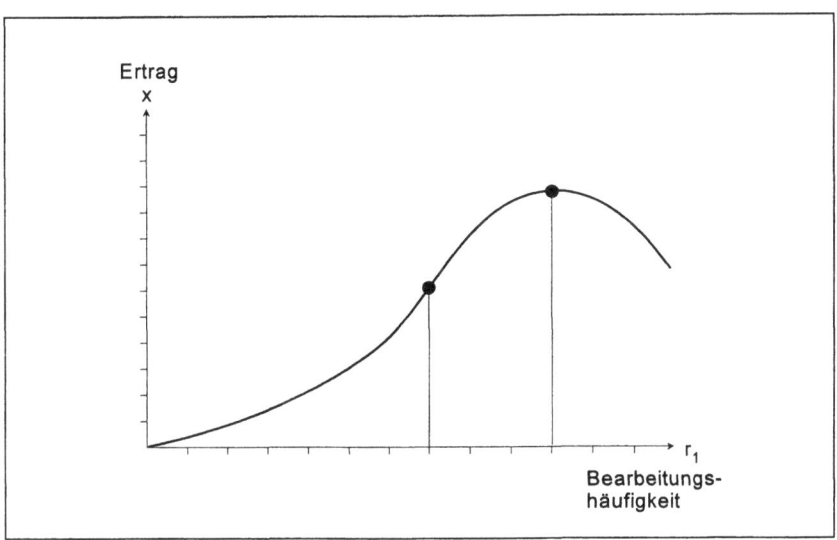

Abbildung 5.1: Ertragsgesetzlicher Verlauf einer Produktionsfunktion in Abhängigkeit von einem Einsatzfaktor

Bei ertragsgesetzlichen Produktionsfunktionen wird für alle Faktoren dieser Verlauf der Abhängigkeit der Ausbringungsmenge von der Einsatzmenge eines Faktors bei Konstanz der übrigen Faktoreinsatzmengen unterstellt. Diese Annahme hat zur Folge, daß alle Faktoren *substitutional* sind. Für diese Art von

Produktionsfunktionen sind beliebig oft differenzierbare reellwertige Funktionen in mehreren Veränderlichen der geeignete Formalismus. Die Ausbringungsmenge x läßt sich als Funktion der Einsatzfaktormengen $r_1, ..., r_n$ darstellen, indem eine Abbildungsvorschrift gefunden wird, die den ertragsgesetzlichen Verlauf für jeden Faktor widerspiegelt:

$x = f(r_1, ..., r_n)$.

Eine dreidimensionale Abbildung einer *ertragsgesetzlichen Produktionsfunktion* findet sich in Abbildung 5.2 .

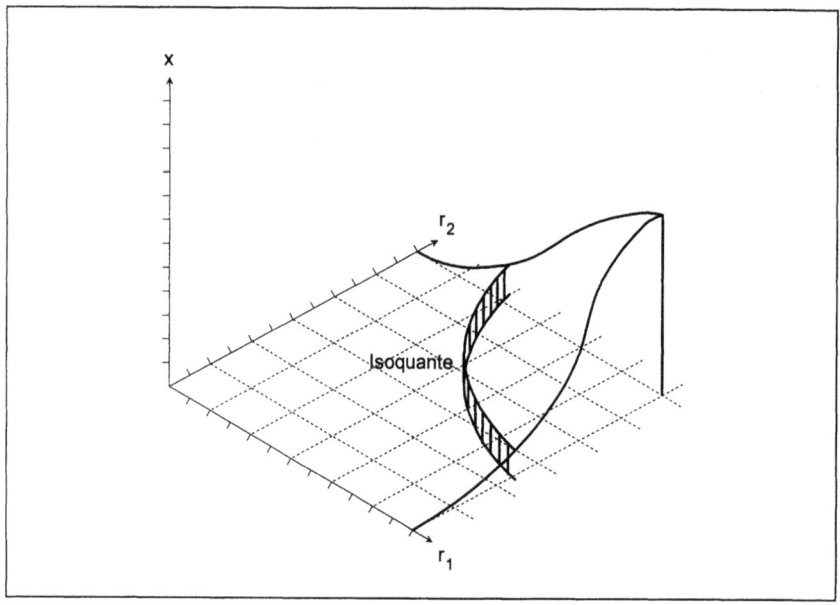

Abbildung 5.2: Ertragsgesetzlicher Verlauf einer Produktionsfunktion mit zwei Einsatzfaktoren

Formal existieren solche Funktionen, auf die dann das ganze Instrumentarium der Differentialrechnung angewandt werden kann. Es lassen sich mit Hilfe von Grenzwertbetrachtungen in eleganter Weise Fragen nach Veränderungsraten, nach Austauschverhältnissen zwischen den Faktoren und nach Faktoreinsatzmengenkombinationen gleicher Ausbringung beantworten. Solche Überlegungen bleiben aber formale Übungen ohne praktische Aussagekraft, wenn es keine Anwendungssituationen gibt, auf welche die ertragsgesetzlichen Verläufe zutreffen. Unter dem Gesichtspunkt des Realitätsbezugs ist die betriebswirtschaftliche Bedeutung von ertragsgesetzlichen Produktionsfunktionen trotz deren langer und von der neoklassischen Volkswirtschaftslehre geprägten Geschichte eher gering. Dies liegt vor allem an der Annahme, daß alle Faktoren substitutional sind. Auch muß bezweifelt werden, daß die Einsatzmengen von Faktoren immer konstant gehalten werden können, wenn die Einsatzmenge einer Faktorart variiert wird, um eine Ertragsänderung zu erreichen. So muß man z.B. annehmen, daß mit zunehmender Bearbeitungshäufigkeit die gegebene Bodenfläche intensiver genutzt wird und folglich kein konstanter Faktoreinsatz vorliegt. Bei mechanisch-technischen Produktionsvorgängen ist die Voraussetzung der Substitutionalität jedoch kaum, und wenn überhaupt, dann nur für eine Teilmenge der Faktoren gegeben. Am ehesten sind ertragsgesetzliche Produktionsverläufe bei biologischen Produktionsvorgängen zu erwarten. Auch bei den sog. Mischungsprozessen, z. B. der Herstellung eines bestimmten Futtermittels, treten ertragsgesetzliche Zusammenhänge auf. Allerdings muß man hier von einem linearen Zusammenhang zwischen Ertrag und Faktoreinsatz ausgehen. Dieser schmale Anwendungsbereich steht jedoch in keinem Verhältnis zu der breiten Diskussion, die das *Ertragsgesetz* als *Produktionsfunktion vom Typ A* in der Literatur erfahren hat.

Die zugehörige Kostenfunktion formuliert mit Hilfe von Kostensätzen q_i, $i = 1, ..., n$, lineare Zusammenhänge zwischen den Faktoreinsatzmengen und den Kosten:

$$K(r_1, ..., r_n) = q_1 \cdot r_1 + ... + q_n \cdot r_n.$$

Für den Zweifaktorfall sind *Isokostenlinien* daher wie bei der Leontief-Analyse Geraden in der (r_1, r_2)-Ebene.

Mit den Systemen der *Isoquanten* sowie der Isokostenlinien lassen sich wiederum, wie bei der Erörterung der Leontief-Produktionsfunktion demonstriert, die beiden zentralen Aufgabenstellungen der Produktions- und Kostentheorie bewältigen: Bestimmung derjenigen Kombination der Faktoreinsatzmengen, die bei vorgegebenem Kostenbudget zu einer maximalen Ausbringungsmenge oder bei vorgegebener Ausbringungsmenge zu minimalen Faktorkosten führt.

Abschließend soll zur Demonstration der einheitlichen Vorgehensweise innerhalb der Produktions- und Kostentheorie – trotz unterschiedlicher produktionstheoretischer Ausgangssituation – gezeigt werden, auf welche Art und Weise die ertragsgesetzliche Kostenfunktion in Abhängigkeit von der Ausbringungsmenge hergeleitet werden kann. Hierzu wird der Zwei-Faktoren-Fall unterstellt, bei dem die Ausbringungsmenge x lediglich durch zwei Einsatzfaktoren hervorgebracht wird, von denen sich die Einsatzmenge der ersten Faktorart r_1 variieren läßt, während die Einsatzmenge des zweiten Einsatzfaktors r_2^{const} auf einem bestimmten Niveau fixiert ist. Die ertragsgesetzliche Produktionsfunktion ergibt sich demnach wie folgt:

$$x = f(r_1, r_2^{const}).$$

Deren Umkehrfunktion

$$r_1 = f^{-1}(x, r_2^{const})$$

beschreibt die Höhe der Einsatzmenge der ersten Faktorart in Abhängigkeit von der Höhe der Ausbringungsmenge bei gegebenem Faktoreinsatz der zweiten Faktorart. Für gegebene Faktorpreise q_1 und q_2 sowie das eben beschriebene Verbrauchsverhalten der Einsatzfaktoren erhält man sodann die folgende ertragsgesetzliche Kostenfunktion in Abhängigkeit von der Ausbringungsmenge:

$$K(x) = r_2^{const} \cdot q_2 + f^{-1}(x, r_2^{const}) \cdot q_1 \Leftrightarrow K(x) = K_f + K_v(x).$$

Die bewertete konstante Einsatzmenge der zweiten Faktorart führt zu den fixen Kosten K_f, die von der Ausbringungsmenge abhängige Einsatzmenge der ersten Faktorart zu den variablen Kosten $K_v(x)$. Nachstehende Abbildung 5.3 verdeutlicht noch einmal auf graphischem Wege, wie aus der ertragsgesetzlichen Produktionsfunktion durch eine Bewertung des Faktoreinsatzes die ertragsgesetzliche Kostenfunktion resultiert.

In der Abbildung 5.3 (a) ist der ertragsgesetzliche Verlauf der Ausbringungsmenge x in Abhängigkeit von der Einsatzmenge r_1 des variablen Faktors 1 skizziert. Deren Bewertung mit dem Faktorpreis q_1 führt zu dem Zusammenhang $x(K_v)$ zwischen der Ausbringungsmenge x und den variablen Kosten $K_v = r_1 \cdot q_1$. Die Umkehrfunktion $K_v(x)$ gibt die Abbildung 5.3 (b) wieder. Unter Beachtung der fixen Kosten $K_f = r_2^{const} \cdot q_2$ für die bewertete Einsatzmenge der fixen Faktorart 2 erhält man schließlich die ertragsgesetzliche Kostenfunktion in der Abbildung 5.3 (c).

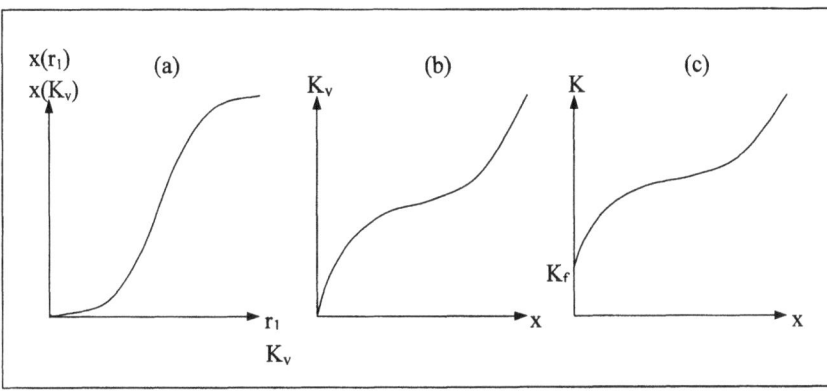

Abbildung 5.3: Graphische Herleitung der ertragsgesetzlichen Kostenfunktion

Aufgabe 5.1: Ertragsgesetzliche Produktionsfunktion

a) Erläutern Sie die Grundidee der ertragsgesetzlichen Produktionsfunktion (Typ A), und stellen Sie die vier Phasen des Funktionsverlaufes graphisch dar. Welche Bedingungen gelten für den Übergang zwischen den Phasen?

b) Gegeben ist die folgende Produktionsfunktion vom Typ A: $x = -0,5\ r^3 + 2\ r^2 + 5\ r^1$. Ermitteln Sie die Funktionen des Grenzertrages, des Durchschnittsertrages und die Endpunkte der einzelnen Phasen des Vierphasenschemas.

c) Stellen Sie eine Wertetabelle auf, und skizzieren Sie den Verlauf der Gesamtertragskurve, der Durchschnittsertragskurve und der Grenzertragskurve.

Aufgabe 5.2: Ertragsgesetzliche Kostenfunktion

a) Zeigen Sie allgemein, wie sich aus der Produktionsfunktion vom Typ A eine ertragsgesetzliche Kostenfunktion ableiten läßt. Entwickeln Sie analog zur Produktionsfunktion ein Vierphasenschema für eine ertragsgesetzliche Kostenfunktion. Welche Bedingungen gelten nun für die Phasenübergänge?

b) Welche Anwendungsvoraussetzungen gelten für das Ertragsgesetz? Sind diese Prämissen realitätsnah?

5.2 Gutenberg-Produktionsfunktionen und zugehörige Kostenfunktionen

5.2.1 Produktionstheoretische Analyse

Erich Gutenberg entwickelte im Band 1 seiner im Jahre 1951 erstmalig erschienenen "Grundlagen der Betriebswirtschaftslehre" einen Typ von Produktionsfunktion, der technische Entscheidungsgrößen explizit in die Analyse einbezieht und als *Produktionsfunktion vom Typ B* bezeichnet wird. Zunächst teilt er die Einsatzfaktoren in *Verbrauchsfaktoren* (Repetierfaktoren) und *Gebrauchsfaktoren* (Potentialfaktoren) ein. Gebrauchsfaktoren sind im wesentlichen Arbeitskräfte und Maschinen, Verbrauchsfaktoren zum Beispiel Materialien und Energie. Der Verzehr von Gebrauchsfaktoren ist schwierig zu messen. Der Einfachheit halber soll hier unterstellt werden, daß er durch die *Einsatzzeit* dieser Faktoren erfaßt werden kann. Der Verzehr von Verbrauchsfaktoren kann von der *Intensität* abhängen, mit der die Gebrauchsfaktoren in der Produktion eingesetzt werden. Das gilt z. B. in der Regel für Energieverbräuche. Daher wird der Verzehr an Verbrauchsfaktoren in Abhängigkeit von der Intensität formuliert. Unter Intensität ist dabei zunächst eine *technisch-physikalische Leistung* d zu verstehen, die inhaltlich durch die Art der Maschine bestimmt ist. Sie wird als frei variierbar zwischen einer Untergrenze d_{min} und einer Obergrenze d_{max} angenommen. Bei einem Webstuhl läßt sich die Leistung zum Beispiel durch die Schußfadenzahl pro Minute messen, bei einer Drehbank durch die Zahl der Umdrehungen pro Minute, bei einer Presse durch die Anzahl von Werkzeugbewegungen pro Minute.

Die *Gutenberg-Produktionsfunktion* unterstellt, daß die pro Ausbringungseinheit notwendige Einsatzmenge von Verbrauchsfaktoren sich für jeden Verbrauchsfaktor eindeutig in Abhängigkeit von der Intensität angeben läßt. Ausgegangen wird von *technischen Verbrauchsfunktionen*, die Faktorverbräuche pro technische Leistungseinheit angeben. Es wird ferner vorausgesetzt, daß ein funktionaler Zusammenhang zwischen der technischen Leistung d und der ökonomischen Leistung l, gemessen in Ausbringungsmengen pro Zeiteinheit, besteht. Dann lassen sich technische Verbrauchsfunktionen dazu benutzen, bei gegebener Intensität die Einsatzmengen der Faktoren zu berechnen, die pro Ausbringungseinheit notwendig sind.

Der gesamte Zusammenhang soll am Beispiel einer Stoffweberei verdeutlicht werden. Abbildung 5.4 stellt zunächst das Produktionssystem dar, in dessen Mittelpunkt der Potentialfaktor (oder das Aggregat) "Webstuhl" steht.

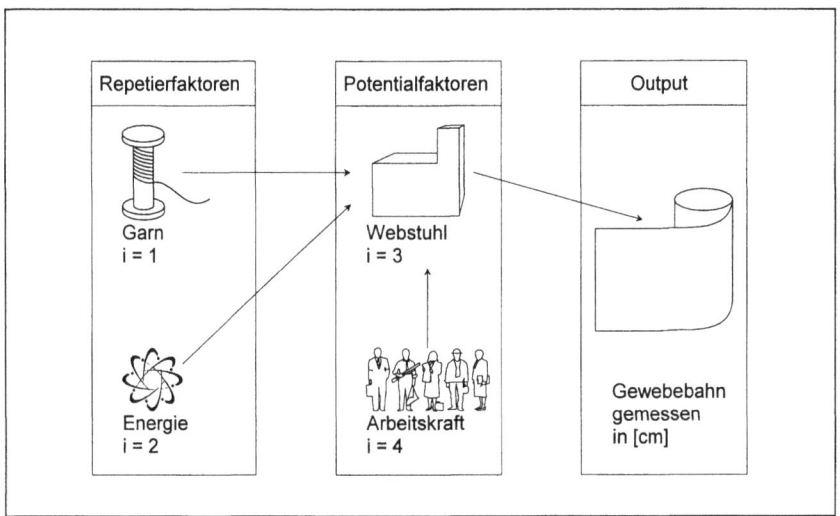

Abbildung 5.4: Ein aggregatbezogenes Produktionssystem

Die Herleitung der *Produktionsfunktion vom Typ B* erfolgt in mehreren Stufen. Zunächst sind die technischen Verbrauchsfunktionen $v_i(d)$ mit der Dimension [FE_i/TLE] festzulegen. Sie geben für jeden Einsatzfaktor i den Verbrauch in Faktoreinheiten [FE_i] pro technische Leistungseinheit [TLE] in Abhängigkeit von der technischen Leistung d mit der Dimension [TLE/ZE] an. Im Beispiel sind pro Schußfaden der Verbrauch an Garn, i = 1, der Verbrauch an Energie, i =2, und die Verbräuche an Arbeitskraft und Maschinen, i = 3, 4, zu untersuchen. Die technische Leistung des Webstuhls wird dabei in Schußfadenzahl pro Minute [1/min] gemessen. Im Beispiel soll davon ausgegangen werden, daß eine Mindestintensität von d_{min} = 20 [1/min] und eine Höchstintensität von d_{max} = 90 [1/min] eingehalten werden muß.

Unterstellt man eine Gewebebreite von 50 cm und läßt sich vereinfachend annehmen, daß der Garnverbrauch pro Schuß v_1 nicht von der Schußfadenzahl pro Minute abhängt, ist mit einem gleichbleibenden Garnverbrauch von 50 cm pro Schuß zu rechnen. Dieser Sachverhalt ist in Abbildung 5.4 wiedergegeben. Materialverbräuche können in der Regel als unabhängig von der Intensität angenommen werden. Das gilt natürlich nicht mehr, wenn man Ausschußprobleme, im Beispiel etwa Fadenbruch, in die Analyse einbezieht.

Für den Energieverbrauch pro Schuß $v_2(d)$ wird ein U-förmiger Verlauf in Abhängigkeit von der Schußfadenzahl pro Minute unterstellt. Auch eine derartige

Annahme entspricht dem Regelfall, da Maschinen meistens über eine hinsichtlich des Energieverbrauchs optimale Intensität verfügen, die zwischen der Mindest- und der Höchstintensität liegt. Mißt man den Arbeitskräfteinsatz v_4 und den Maschineneinsatz v_3 pro Schuß durch die dafür benötigten Einsatzzeiten, verhalten sich die Verbräuche umgekehrt proportional zur technischen Leistung. Dieser Zusammenhang ist im rechten Teil der Abbildung 5.5 dargestellt.

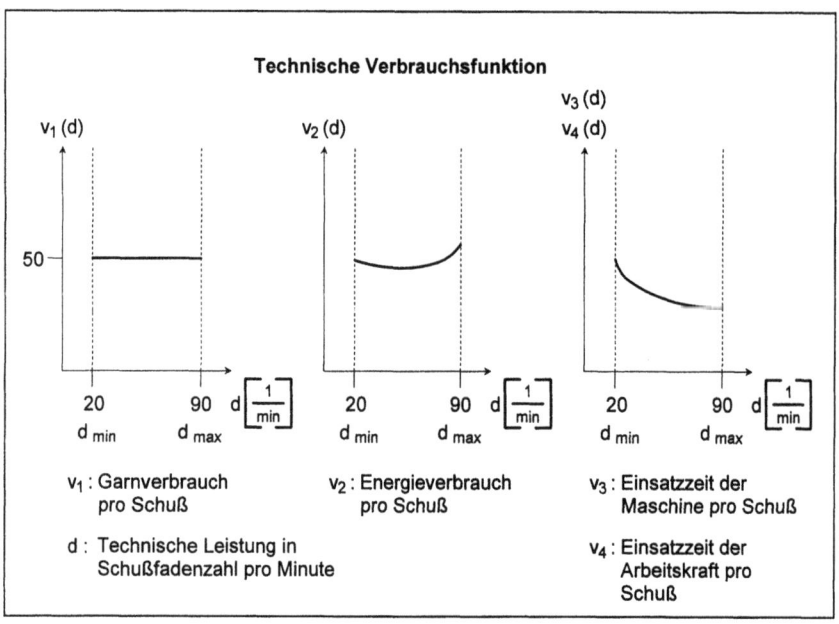

Abbildung 5.5: Faktorverbräuche pro Schuß in Abhängigkeit von der Schußfadenzahl pro Minute

Sind die technischen Verbrauchsfunktionen bekannt, werden im nächsten Schritt die *ökonomischen Verbrauchsfunktionen* $a_i(l)$ mit der Dimension [FE$_i$/ME] ermittelt. Sie geben für jeden Einsatzfaktor i den Verbrauch pro Mengeneinheit der Ausbringung in Abhängigkeit von der ökonomischen Intensität l an.

Die ökonomische Intensität l wird dabei in [ME/ZE] gemessen. Die Ermittlung der ökonomischen Verbrauchsfunktionen erfolgt durch Transformation der technischen Verbrauchsfunktionen. Ist der Zusammenhang zwischen technischen und ökonomischen Sachverhalten linear, läßt sich die Transformation mit Hilfe eines einfachen Umrechnungsfaktors u mit der Dimension [TLE/ME] bewerkstelligen, der angibt, wieviel technische Leistungseinheiten [TLE] pro Mengeneinheit der Ausbringung [ME] benötigt werden. Zwischen technischer und ökonomischer Intensität besteht somit der Zusammenhang:

d [TLE/ZE] = l [ME/ZE] · u [TLE/ME] .

Im Beispiel wird die Ausbringung in Zentimeter Gewebe gemessen. Der Umrechnungsfaktor muß also angeben, wieviel Schußfäden pro Zentimeter Gewebe [cm_G] nötig sind. Das hängt von dem Durchmesser des Schußfadens ab; hier wird u = 30 [$1/cm_G$] angenommen. Für jede technische Verbrauchsfunktion $v_i(d)$ ergibt sich die zugehörige ökonomische Verbrauchsfunktion $a_i(l)$ in zwei Teilschritten. Zunächst läßt sich der Verbrauch pro Mengeneinheit a^t_i in Abhängigkeit von der technischen Leistung d ermitteln, indem der Verbrauch pro technische Leistungseinheit mit dem Umrechnungsfaktor multipliziert wird. Es gilt somit für alle Einsatzfaktoren i:

a^t_i (d) [FE_i/ME] = u [TLE/ME] · v_i (d) [FE_i/TLE]   mit $d_{min} \le d \le d_{max}$.

Damit ist zunächst der Ergebnisbereich der Funktion umskaliert worden. In einem zweiten Teilschritt wird der Argumentbereich von technischer Intensität d auf ökonomische Intensität l geändert. Das geschieht allgemein durch Ersetzung des Argumentes d durch den Wert u · l, wobei l sich zwischen den Werten $l_{min} = d_{min} / u$ und $l_{max} = d_{max} / u$ bewegen darf. Somit erhält man für jeden Einsatzfaktor i eine ökonomische Verbrauchsfunktion:

a_i (l) [FE_i/ME] = a^t_i (u · l) = u · v_i (u · l)   mit $l_{min} \le l \le l_{max}$.

Im Beispiel kann sich die ökonomische Intensität zwischen 2/3 [cm_G/min] und 90/30 =□3 [cm_G/min] bewegen. Für den Garnverbrauch pro [cm] Gewebe $a_1(l)$ ergibt sich 50 [cm_F] · 30 [$1/cm_G$] = 1500 [cm_F/cm_G]. Das gilt unabhängig von der technischen und damit auch von der ökonomischen Intensität. Dabei gibt [cm_F] die Fadenlänge in Zentimetern an. Im linken Teil der Abbildung 5.6 ist die entsprechende ökonomische Verbrauchsfunktion dargestellt.

Der Energieverbrauch pro Mengeneinheit $a_2(l)$ verändert sich mit der technischen und damit auch mit der ökonomischen Intensität. Es gilt:

$a_2(l) = 30 \cdot v_2(30 \cdot l)$ mit $2/3 \le l \le 3$.

Damit ergibt sich der ebenfalls in der Abbildung 5.6 dargestellte Verlauf der ökonomischen Verbrauchsfunktion des Einsatzfaktors Energie.

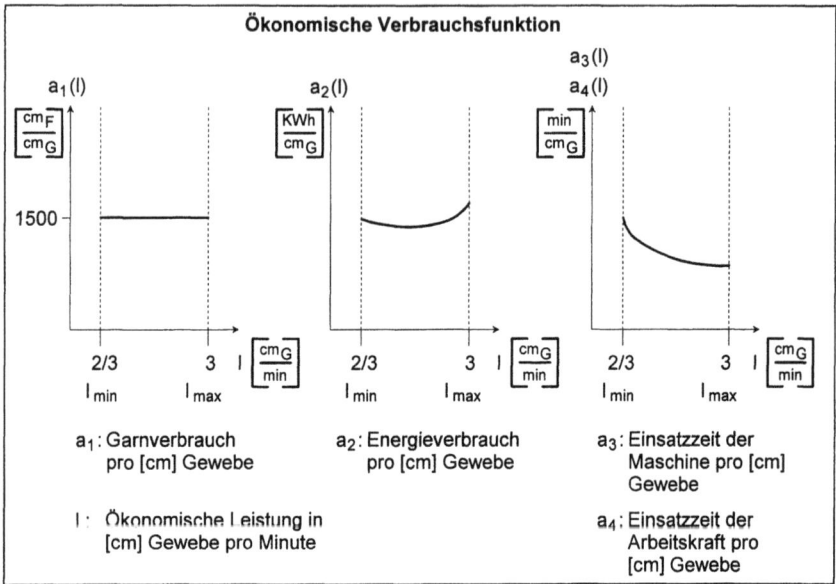

Abbildung 5.6: Faktorverbräuche pro Zentimeter Gewebe in Abhängigkeit von der Gewebelänge pro Minute

Die Einsatzzeit für Arbeitskraft und Maschine pro Ausbringungseinheit ist umgekehrt proportional zur ökonomischen Intensität. Man erhält:

$a_3(l) = 30 \cdot v_3(30 \cdot l) = 30 \cdot 1/(30 \cdot l) = 1/l$.

Entsprechendes gilt für $a_4(l)$.

Eine Ausbringungsmenge von x [ME] läßt sich auf unterschiedliche Art und Weise herstellen, wenn man neben der Einsatzzeit t in den Grenzen $0 \le t \le t_{max}$ die technische Intensität d und damit auch die ökonomische Intensität l wählen kann. Es gilt:

$x(d, t)$ [ME] $= l(d)$ [ME/ZE] $\cdot$ t [ZE].

Der Gesamtverbrauch für jeden Faktor i ergibt sich damit als Produkt aus Faktorverbrauch pro Mengeneinheit und ausgebrachter Menge. Somit erhält man für jeden Faktor i aus dem Verbrauch pro Mengeneinheit a_i in Abhängigkeit von der ökonomischen Intensität eine *Gesamtverbrauchsfunktion* r_i, die letztlich von der technischen Intensität und der Einsatzzeit abhängt.

Es gilt für jeden Einsatzfaktor i:

$r_i(l(d), t) = a_i(l(d)) \cdot x = a_i(l(d)) \cdot l(d) \cdot t$.

Geht man davon aus, daß die Einsatzfaktoren $i = 1, ..., n$ in den Mengen $r_1, ..., r_n$ zur Verfügung stehen, läßt sich nun die Abhängigkeit der möglichen Ausbringungsmenge von den verfügbaren Einsatzmengen in Form einer Produktionsfunktion

$x = f(r_1(l(d), t), ..., r_n(l(d), t))$

darstellen. Die Gutenberg-Produktionsfunktion läßt sich analog zu der Leontief-Produktionsfunktion (vgl. Kapitel 4):

$x = \max\{x \mid x \leq r_i / a_i; i = 1, ..., n\}$

formulieren:

$x = \max_{0 \leq t \leq t_{max};\ d_{min} \leq d \leq d_{max}} \{x \mid x \leq r_i/a_i(l(d));\ i = 1, ..., n\}$,

aus $x = l(d) \cdot t$ folgt:

$x = \max_{0 \leq t \leq t_{max};\ d_{min} \leq d \leq d_{max}} \{l(d) \cdot t \mid a_i(l(d)) \cdot l(d) \cdot t \leq r_i, i = 1, ..., n\}$.

Das bedeutet, daß vorgegebenen Faktoreinsatzmengen $r_1, ..., r_n$ die größtmögliche Ausbringungsmenge $x = l(d) \cdot t$ zugeordnet wird, die man erhält, wenn man berücksichtigt, daß die zugehörigen Mengenverbräuche der Einsatzfaktoren die zur Verfügung stehenden Faktoreinsatzmengen nicht überschreiten dürfen. Die technische Leistung d und die Einsatzzeit t sind letztlich so zu wählen, daß die vorgegebenen Faktoreinsatzmengen bei sachgerechter Berücksichtigung der Faktorverbräuche eine möglichst große Ausbringungsmenge ergeben. Wenn in der Gutenberg-Produktionsfunktion die Intensität konstant gesetzt wird, erhält man die Leontief-Produktionsfunktion.

Die betriebswirtschaftliche Bedeutung der Gutenberg-Produktionsfunktion resultiert zunächst aus ihrer grundsätzlichen Orientierung an den tatsächlichen Gegebenheiten der industriellen Produktion. Die von ihr erfaßten Einsatzfaktoren werden als limitational angesehen. Durch die aggregatbezogene Betrachtungsweise und die Einbeziehung von Leistung und Beschäftigungszeit als weitere Bestimmungsgrößen für den Faktorverzehr bietet sie eine realitätsnahe Analyse. Besondere Bedeutung kommt ihr in der Produktionstheorie zu, weil sie Grundlage für Weiterentwicklungen ist, die eine Einbeziehung zusätzlicher organisatorischer und technischer Einflußgrößen für den Faktorverbrauch betreffen. Solche Einflußgrößen sind zum Beispiel die Auftragsgröße und die Auftragsreihenfolge sowie zeitliche Aspekte der Produktion. Arbeiten hierüber haben zu einer weiteren theoretischen Durchdringung der Zusammenhänge in der Produktion geführt. Allerdings ist festzustellen, daß diese Verfeinerungen bislang die Verwendung von Produktionsfunktionen für die Lösung von Problemen im Produktionsbereich nicht erhöht haben. Dies hängt auch mit der schwierigen Handhabbarkeit der Ansätze zusammen.

5.2.2 Kostentheoretische Analyse

Kostenüberlegungen beginnen bei Gutenberg mit der *Mengen-Kosten-Leistungsfunktion* k(l). Diese gibt die Kosten pro Mengeneinheit der Ausbringung in Abhängigkeit von der ökonomischen Intensität l an. Sind Kostensätze q_i [GE/FE$_i$] für die Einsatzfaktoren gegeben, läßt sich die Mengen-Kosten-Leistungsfunktion aus den *ökonomischen Verbrauchsfunktionen* ermitteln. Dazu wird für jeden Faktor i der Faktorverbrauch pro Mengeneinheit $a_i(l)$ mit dem Kostensatz pro Faktoreinheit q_i multipliziert. Anschließend werden die Produkte über die Faktorarten summiert. Somit gilt:

$$k(l) = \sum_{i=1}^{n} q_i \cdot a_i(l) .$$

In Abbildung 5.7 wird der Zusammenhang für das Beispiel gezeigt. Für die weiteren Überlegungen wird ein U-förmiger Verlauf dieser Stückkostenfunktion

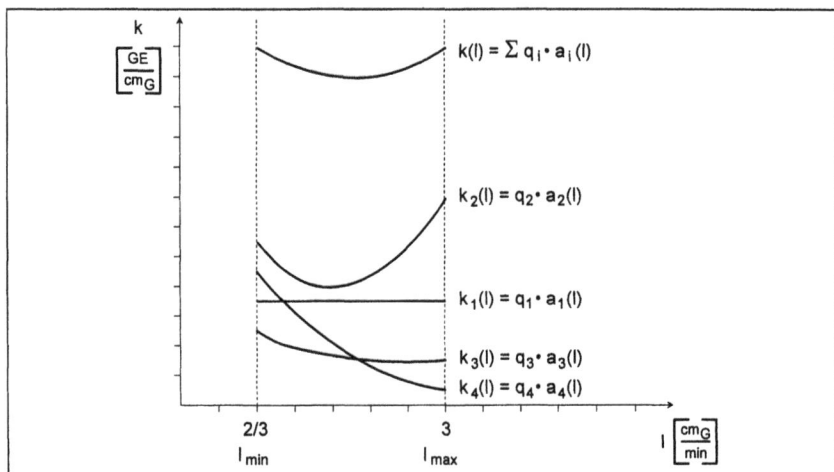

Abbildung 5.7: Die Ermittlung einer Mengen-Kosten-Leistungsfunktion

unterstellt, d. h. die Stückosten sind bei minimaler Intensität relativ hoch, sinken dann bis zu einer stückkostenoptimalen Intensität und steigen schließlich wieder bis zur maximalen Intensität.

Die Gesamtkosten K für eine Ausbringungsmenge x hängen somit davon ab, mit welcher Intensität l und welcher Einsatzzeit t gearbeitet wird. Es gilt:

$K(l, t) = k(l) \cdot x(l, t) = k(l) \cdot l \cdot t$ \qquad für $l_{min} \leq l \leq l_{max}$ und $0 \leq t \leq t_{max}$.

In Abbildung 5.8 ist das *Kostengebirge* für eine U-förmige Mengen-Kosten-Leistungsfunktion in Abhängigkeit von l und t dargestellt. Es ist klar, daß ein Schnitt parallel zur t-K-Ebene bei vorgegebener Intensität $l = l_c$ durch eine lineare Funktion der Form gekennzeichnet ist:

$K(l_c, t) = k(l_c) \cdot l_c \cdot t$ \qquad für $0 \leq t \leq t_{max}$.

Ein Schnitt parallel zur l-K-Ebene ist dagegen durch einen umgekehrt S-förmigen Verlauf zu charakterisieren. Für die entsprechende Kostenfunktion gilt bei einer vorgegebenen Einsatzzeit $t = t_c$:

$K(l, t_c) = k(l) \cdot l \cdot t_c$ \qquad für $l_{min} \leq l \leq l_{max}$.

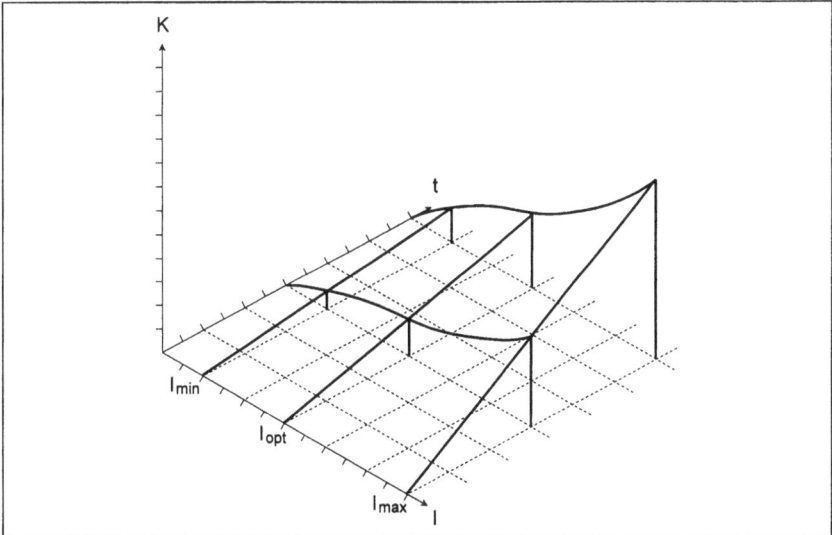

Abbildung 5.8: Der Verlauf der Gesamtkosten in Abhängigkeit von der Intensität und der Einsatzzeit

Isoquanten, also Linien gleicher Ausbringung, befinden sich auf der Grundfläche in der Form von Hyperbeln. Eine vorgegebene Ausbringungsmenge $x = x_c$ läßt sich mit allen Intensitäts-Einsatzzeit-Kombinationen erreichen, die durch die Funktion $t(l) = x_c / l$ gekennzeichnet sind.

Es ist leicht einzusehen, daß man zunächst einmal mit der stückkostenminimalen Intensität l_{opt} zu arbeiten versucht, wenn man die Gesamtkosten für eine vorgegebene Ausbringung x möglichst gering halten möchte. Das geht, solange $x \leq l_{opt} \cdot t_{max}$ ist. Eine derartige Ausbringung läßt sich in der vorhandenen Zeit immer mit der stückkostenoptimalen Intensität herstellen. Die Einsatzzeit ist dann $t = x/l_{opt}$. Für jede andere mögliche Kombination von Intensität und Einsatzzeit, die auch die Ausbringung ergeben würde, sind die Gesamtkosten höher, weil die Stückkosten höher sind.

Wegen

$k(l) \geq k(l_{opt})$ für alle l

gilt für alle Kombinationen (l, t) mit $l \cdot t = x$:

$K(l, t) = k(l) \cdot l \cdot t$

$= k(l) \cdot x$

$\geq k(l_{opt}) \cdot x$

$= K(l_{opt}, x/l_{opt})$.

In dem Ausbringungsintervall $0 \leq x \leq l_{opt} \cdot t_{max}$ paßt man den Produktionsvorgang bei stückkostenoptimaler Intensität *zeitlich* an die Ausbringungsmenge an.

Für Mengen x, die zwischen der Ausbringungsmenge $l_{opt} \cdot t_{max}$ und der maximal überhaupt erreichbaren Produktionsmenge $l_{max} \cdot t_{max}$ liegen, paßt man sich *intensitätsmäßig* an. Das bedeutet, daß man bei maximaler Einsatzzeit t_{max} die entsprechende Intensität x/t_{max} wählt, um die Ausbringung x zu erreichen. Für die Intensität l einer Kombination (l, t), mit der eine vorgegebene Ausbringungsmenge x in diesem Mengenintervall erreicht werden kann, muß $l \geq x/t_{max} \geq l_{opt}$ und damit $k(l) \geq k(x/t_{max})$ gelten. Letzteres ist richtig, weil die Stückkostenfunktion U-förmig ist. Dann gilt für alle Kombinationen (l, t) mit $l \cdot t = x$:

$K(l, t) = k(l) \cdot x \geq k(x/t_{max}) \cdot x = K(x/t_{max}, t_{max})$.

Insgesamt ergibt sich auf diese Weise bei kostenminimalem Verhalten zunächst ein Mengenintervall zeitlicher Anpassung und dann ein Mengenintervall intensitätsmäßiger Anpassung. Für die minimalen Kosten K_{min} bei einer Ausbringungsmenge x gilt somit:

$$K_{min}(x) = \begin{cases} K\left(l_{opt}, \dfrac{x}{l_{opt}}\right) & \text{falls } 0 \leq x \leq l_{opt} \cdot t_{max}, \\ K\left(\dfrac{x}{t_{max}}, t_{max}\right) & \text{falls } l_{opt} \cdot t_{max} \leq x \leq l_{max} \cdot t_{max}. \end{cases}$$

5.3 Zukünftige Entwicklungen

Das Mengengerüst der Kosten, das in der skizzierten Form Gegenstand und Inhalt der betriebswirtschaftlichen Produktionsfunktionen ist, ist sehr schwierig und nur unter stark vereinfachenden Bedingungen in geschlossene formale Modelle einzubringen, die dann für Fragen der Kostenminimierung auf analytischem Wege lösbar sind. In jüngster Zeit zeichnet sich deutlich eine zweite erfolgversprechende Vorgehensweise ab: die Simulation von Produktionssystemen. Hierbei kann EDV-gestützt mit einem formalen Abbild des Produktionssystems experimentiert und die Abhängigkeit der Faktorverbräuche von den Ausbringungsmengen und anderen Einflußgrößen sowie die Kostenwirkungen realitätsnah getestet werden. Dabei wird der Zusammenhang zwischen Faktoreinsatzmengen, Kosten und Ausbringungsmengen letztlich durch ein Simulationsprogramm dargestellt. Diese Vorgehensweise erfüllt jedoch bislang noch nicht den Anspruch, zu allgemeingültigen inhaltlichen Ergebnissen zu führen – einen Anspruch, den letztlich jede Theorie erhebt. In der Praxis wird weiterhin der Ansatz nach Leontief eine wesentliche Rolle spielen. Um ihn für EDV-gestützte Planungen einsetzen zu können, bedarf es einer sorgfältigen Strukturierung der produktionsbezogenen Unternehmensdaten.

Aufgabe 5.3: Technische und ökonomische Verbrauchsfunktion

Erläutern Sie den Zusammenhang zwischen der technischen und der ökonomischen Verbrauchsfunktion eines Produktionsfaktors anhand eines selbstgewählten Beispiels. Warum wird zwischen technischer und ökonomischer Verbrauchsfunktion unterschieden?

Aufgabe 5.4: Analyse einer Gutenberg-Produktionsfunktion

Ein Betrieb benötigt zur Herstellung eines Produktes drei Produktionsfaktoren, für die folgende ökonomische Verbrauchsfunktionen ermittelt werden:

a_1 (l) = 0,05 l^2 – 2 l + 21 [FE/ME]   Energie
a_2 (l) = 25/l [FE/ME]   Menschliche Arbeit
a_3 (l) = 10 [FE/ME]   Rohstoff

Die Preise der Faktoren sind ebenfalls bekannt:

q_1 = 2 [GE/FE], q_2 = 25 [GE/FE] und q_3 = 1,8 [GE/FE].

Die Intensität l kann in den Grenzen 0 ≤ l ≤ 40 stufenlos variiert werden. Die Betriebszeit t kann im Rahmen einer 40-Stunden-Woche alle Werte zwischen 0 und 40 annehmen.

a) Stellen Sie die zugehörige Mengen-Kosten-Leistungsfunktion analytisch auf, und zeigen Sie, wie diese Funktion graphisch ermittelt werden kann.

b) Welche Form hat die Gesamtkostenfunktion in Abhängigkeit von der Ausbringungsmenge x?

c) Ermitteln Sie die kostenoptimale Intensität l_{opt}!

d) Wie sieht die Gesamtkostenfunktion aus, wenn der Betrieb sich optimal zeitlich und intensitätsmäßig anpaßt? Stellen Sie die Gesamtkosten in Abhängigkeit von der Ausbringungsmenge bei Optimalverhalten des Betriebes graphisch dar.

Literaturhinweise:

Adam, D., Produktions-Management, 9. Auflage, Wiesbaden 1998, S. 276-282 u. 319-347.

Bloech, J., Lücke, W., Produktionswirtschaft, Stuttgart, New York 1982, S. 112 ff. u. 163 ff.

Ellinger, T., Haupt, R., Produktions- und Kostentheorie, 3. Auflage, Stuttgart 1996.

Fandel, G., Produktion I, Produktions- und Kostentheorie, 5. Auflage, Berlin, Heidelberg 1996.

Gutenberg, E., Grundlagen der Betriebswirtschaftslehre, Band 1: Die Produktion, 23. Auflage, Berlin u.a. 1979, S. 298 ff. u. 358 ff.

Jehle, E., Müller, K., Michael, H., Produktionswirtschaft, 5. Auflage, Heidelberg 1999.

6. Die Erweiterung der Produktions- und Kostentheorie durch die Berücksichtigung nicht-effizient genutzter fixer Faktorarten

6.1 Zur Notwendigkeit der Erweiterung

In Kapitel 4 über die Produktions- und Kostentheorie bei linear-limitationalen Produktionsverhältnissen wurden die Kosten des Faktoreinsatzes $K(r_1, ..., r_n)$ als Summe der Produkte aus Faktoreinsatzmengen r_i und Faktorpreisen q_i über alle Produktionsfaktoren i, i = 1, 2, ... ,n, definiert:

$$K(r_1, ..., r_n) = \sum_{i=1}^{n} r_i \cdot q_i .$$

Unter den beiden Annahmen, daß einerseits die Faktorpreise bekannt und konstant sind und andererseits nur effiziente Kombinationen von Faktoreinsatzmengen zulässig sind, d.h. $r_i = a_i \cdot x$ gilt, kann man aus der obigen Funktion der Faktorkosten die Kostenfunktion in Abhängigkeit von der Ausbringungsmenge x ableiten:

$$K(x) = \left(\sum_{i=1}^{n} a_i \cdot q_i \right) \cdot x .$$

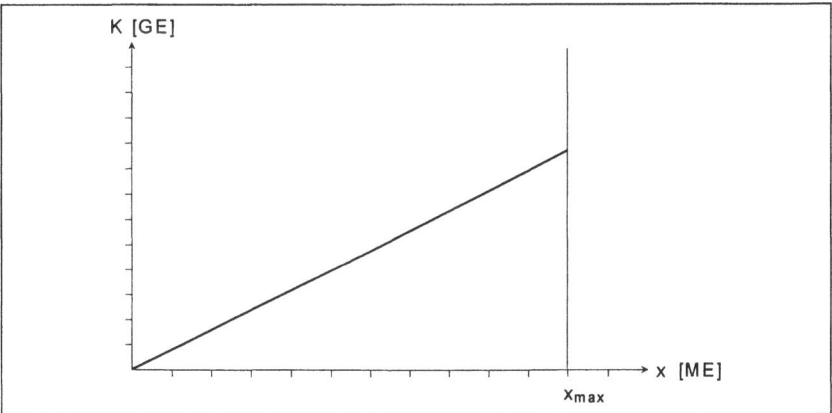

Abbildung 6.1: Die Kostenfunktion in Abhängigkeit von der Ausbringungsmenge bei linear-limitationaler sowie effizienter Einprodukt-Fertigung

Dabei wird der Anschaulichkeit halber von einer Einprodukt-Fertigung ausgegangen. Der zugehörige Graph dieser Kostenfunktion $K(x)$ ist in der Abbildung 6.1 zu sehen. Die Kostengerade beginnt im Koordinatenursprung, ihr konstanter Anstieg wird durch die Summe der Produkte aus Produktionskoeffizienten a_i und Faktorpreisen q_i der eingesetzten Faktorarten festgelegt, und das Kostenniveau wird ausschließlich durch die Höhe der Ausbringungsmenge bestimmt.

Offen geblieben ist an dieser geschilderten Vorgehensweise zum einen, auf welche Art und Weise die Faktorpreise für die in der Produktion eingesetzten Faktorarten festzulegen sind. Dies wird im nächsten Abschnitt geklärt. Zum anderen ist zu prüfen, inwieweit es möglich ist, nur mit effizienten Kombinationen von Faktoreinsatzmengen in der Produktion zu operieren. Hier lassen sich gedanklich drei Produktionssituationen vorstellen, in deren Rahmen eine Effizienz des Faktoreinsatzes gewährleistet ist:

1. In der Produktion werden nur sogenannte variable Faktorarten eingesetzt, d.h. solche Produktionsfaktoren, deren Einsatzmengen ausschließlich durch die Höhe der Ausbringungsmenge determiniert werden.

2. Sollten neben den variablen Faktorarten auch sogenannte fixe Faktorarten in der Produktion verwendet werden, d.h. solche Produktionsfaktoren, deren Einsatzmengen unabhängig vom Niveau der Ausbringungsmenge stets in gleicher Höhe anfallen, müßten diese in beliebig teilbaren Quanten bereitgestellt werden können, so daß für jede gewünschte Ausbringungsmenge das zugehörige, gerade notwendige Quantum zur Verfügung steht.

3. Sind in Abänderung des 2. Falles die fixen Faktorarten nur in bestimmten, unteilbaren Quanten in der Produktion verfügbar, müßte man sich auf diejenige Ausbringungsmenge beschränken, die gerade diese fixen Faktorarten mit ihren verfügbaren und obendrein harmonisierten Einsatzmengen voll in Anspruch nehmen.

Alle drei Produktionssituationen müssen als Sonderfälle angesehen werden. Im ersten Fall kann eine Beschränkung der Betrachtung auf die variablen Faktorarten deshalb zweckmäßig sein, weil nur deren Einsatzmengen entscheidungsrelevant sind, etwa im Rahmen der Planung des operativen Produktionsprogramms, die im 8. Kapitel vorgestellt wird. Der zweite Fall wäre auf spezifische fixe Faktorarten einzugrenzen, etwa verderbliche Rohstoffe oder die menschliche Arbeitszeit bei rein leistungsbezogener Entlohnung. Der dritte Fall schließlich erlaubt es nur, besondere Fertigungsformen der Produktion, etwa die Partie- oder Chargenfertigung, zu betrachten.

Es erscheint daher notwendig, die bisher angestellten produktions- und kostentheoretischen Untersuchungen um die in aller Regel bei der Produktion auftretenden nicht-effizienten Faktoreinsatzverhältnisse zu erweitern. Dies soll im übernächsten Abschnitt geschehen und führt zu dem Phänomen der fixen Kosten, die zusätzlich zu den bislang betrachteten, rein von der Ausbringungsmenge abhängigen oder variablen Kosten auftreten.

6.2 Die Bestimmung der Faktorpreise für die eingesetzten Produktionsfaktoren

Der Übergang von den produktionstheoretischen zu den kostentheoretischen Überlegungen erfolgt durch die Bewertung der durch die jeweils geltende Produktionsfunktion festgelegten Faktoreinsatzmengen mit Hilfe von Faktorpreisen. Im folgenden soll erläutert werden, auf welche Art und Weise die Preise für den Repetierfaktoreinsatz an Roh-, Hilfs- und Betriebsstoffen einerseits sowie für den Potentialfaktoreinsatz an menschlicher und maschineller Arbeit andererseits bestimmt werden können.

Für die Repetierfaktoren lassen sich die Preise aus den getätigten oder noch zu tätigenden Auszahlungen für die Beschaffung dieser Faktoren ableiten. Bewertet wird pagatorisch, indem für den Quadratmeter Tischlerplatte, den Liter Leim oder die Kilowattstunde Strom der jeweils zu zahlende Preis angesetzt wird.

Beim Potentialfaktor menschliche Arbeit ist analog vorzugehen. Als Faktorpreis ist das zu zahlende Entgelt einschließlich der sog. Personalnebenkosten pro Arbeitsstunde heranzuziehen. Im Falle einer rein leistungsorientierten Entlohnung (Akkordlohn) errechnet sich der pagatorische Arbeitsstundensatz aus der erbrachten Leistung pro Stunde, multipliziert mit der Vergütung pro Leistungseinheit. Dagegen muß im Falle einer rein kalenderzeitorientierten Entlohnung (Zeitlohn) die monatliche Vergütung inklusive Personalnebenkosten durch die durchschnittlich pro Monat zu erbringende Arbeitsstundenzahl dividiert werden, um zu dem pagatorischen Arbeitsstundensatz zu gelangen.

Die Bestimmung des Faktorpreises pro Maschinenstunde für den Potentialfaktor maschinelle Arbeit stellt eine etwas komplexere Aufgabe dar. Ausgangspunkt der Überlegungen sind die für eine Maschine getätigte Anschaffungsauszahlung A [GE], deren erwartete Nutzungsdauer T [Jahre] sowie der künftige Liquidationserlös L [GE] dieser Maschine am Ende der Nutzungsdauer. Bei Gültigkeit eines Kalkulationszinsfußes i [%] pro Jahr mit q = 1 + i stellt die Annuität der Auszahlungen für die Maschine

$$\left(A - L \cdot q^{-T}\right) \cdot \frac{q^T \cdot i}{q^T - 1}$$

die im Durchschnitt pro Jahr anfallenden Kosten für diese Maschine dar. Diese durchschnittlichen jährlichen Kosten, die auch als Kapitaldienst bezeichnet werden, umfassen sowohl die jährlichen kalkulatorischen Abschreibungen als auch die pro Jahr anfallenden kalkulatorischen Zinsen auf das in der Maschine jeweils gebundene Kapital. Eine Division dieser durchschnittlichen Kosten pro Jahr durch die jährlich zur Verfügung stehende Maschinenstundenzahl führt schließlich zu dem aus einer pagatorischen und einer wertmäßigen Komponente bestehenden Faktorpreis pro Maschinenstunde.

Für nicht allzu große Zinssätze sowie Nutzungsdauern kann die Annuität der Auszahlungen für die Maschine mit Hilfe des Terms

$$\frac{A - L}{T} + \frac{A + L}{2} \cdot i \cdot \frac{T + 1}{T} - \frac{L}{T} \cdot i$$

approximativ berechnet werden, wobei hier eine zeitdiskrete, jährliche Betrachtungsweise angestellt wird. Die erste Komponente gibt die nach der linearen Methode ermittelte jährliche Abschreibung wieder, die zweite und dritte Komponente repräsentieren die durchschnittlichen kalkulatorischen Zinsen pro Jahr auf das am Ende eines jeden Nutzungsjahres in der Maschine gebundene Kapital.

Die Abbildung 6.2 faßt die Vorgehensweisen zur Bestimmung der Faktorpreise noch einmal überblicksartig zusammen. Dabei wird deutlich, daß die Festlegung der Arbeits- und Maschinenstundensätze, also der Faktorpreise für den Einsatz der Potentialfaktoren, insofern problematisch ist, als zur Bestimmung dieser Stundensätze gerade diejenigen Kostenbeträge herangezogen werden müssen, die erst mit Hilfe der festgelegten Stundensätze ermittelt werden sollen. Gleichzeitig weisen im Rahmen der Faktorpreisbestimmung die Überlegungen zur Berechnung der kalkulatorischen Zinsen auf das in der Maschine gebundene Kapital darauf hin, daß Produktionsfunktionen keine Informationen über das in dem abgebildeten Produktionsprozeß gebundene Kapital liefern.

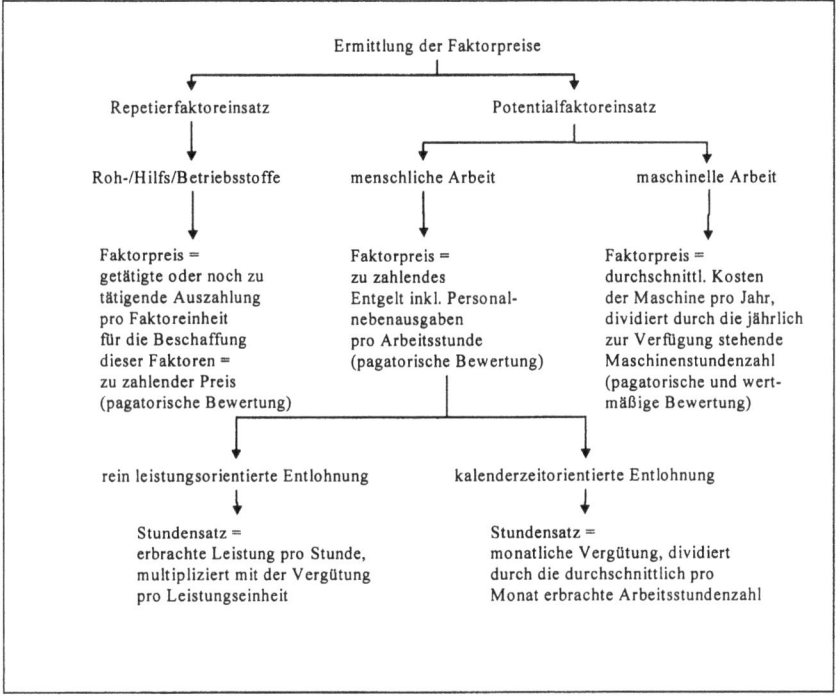

Abbildung 6.2: Vorgehensweise zur Bestimmung der Faktorpreise

6.3 Die Ermittlung der fixen und variablen Kosten der Produktion in Abhängigkeit von der Ausbringungsmenge

Bei der Bestimmung der Funktion der fixen und variablen Kosten K in Abhängigkeit von der Ausbringungsmenge x, K (x), werden zunächst wieder die Kosten des Faktoreinsatzes als Summe der bewerteten sachzielbezogenen Güterverbräuche herangezogen:

$$K = \sum_{i=1}^{n} r_i \cdot q_i \; .$$

Zur Festlegung der sachzielbezogenen Güterverbräuche r_i muß eine Überlegung darüber angestellt werden, welches Verbrauchsverhalten die einzelnen an der Produktion beteiligten Produktionsfaktoren i, i = 1, ..., n, in Abhängigkeit von der jeweils gewünschten Ausbringungsmenge aufweisen. Hierbei erweist sich die Zerlegung der Produktionsfaktoren in die beiden Teilmengen der variablen Faktorarten FV und der fixen Faktorarten FF als ergiebig.

Ein Produktionsfaktor zählt zu der Menge der variablen Faktorarten, wenn seine Einsatz- oder Verbrauchsmenge in einer bestimmten Periode ausschließlich von der Höhe der Ausbringungsmenge in dieser Periode abhängt. Typische variable Faktorarten sind Roh-, Hilfs- und Betriebsstoffe. Ihre Verbrauchsmengen lassen sich mit Hilfe der Verbrauchsfunktionen

$$r_i = a_i \cdot x \text{ für } i \in FV$$

bestimmen und effizient miteinander kombinieren. Um eindeutig zu klären, ob ein bestimmter Produktionsfaktor zur Menge der variablen Faktorarten zählt, muß die möglicherweise auftretende positive Differenz s_i zwischen der in einer Periode verfügbaren Faktormenge r_i^{verf} und der in dieser Periode verbrauchten Faktormenge $a_i \cdot x$ betrachtet werden:

$$s_i = r_i^{verf} - a_i \cdot x \geq 0 \ .$$

Läßt sich diese Faktormenge s_i in der Zukunft noch produktiv nutzen, liegt eine variable Faktorart vor. Weil die produktive Nutzung von Beständen derartiger Faktorarten zeitlich flexibel gestaltet werden kann, werden diese Faktorarten auch als zeitelastische Produktionsfaktoren bezeichnet.

Ein völlig anderes Verbrauchsverhalten weisen die fixen Faktorarten auf. Ihre Verbrauchsmengen in einer bestimmten Periode sind unabhängig von der Höhe der Ausbringungsmenge dieser Periode. Zu den typischen fixen Faktorarten zählen die menschliche Arbeitszeit im Falle einer kalenderzeitabhängigen Entlohnung sowie die Maschinenzeit. Stehen von diesen Faktoren zu Beginn einer bestimmten Periode r_i^{verf} Faktoreinheiten zur Verfügung, so hängt deren Verbrauch ausschließlich vom Ablauf der Kalenderzeit ab, d.h. am Ende der betrachteten Periode sind alle Einheiten dieser Faktorarten verbraucht. Daher stimmen die verfügbaren Faktormengen stets mit den Verbrauchs- oder Faktoreinsatzmengen überein. Die Ausbringungsmenge der betrachteten Periode legt für diese fixen Faktorarten lediglich fest, in welchem Umfang deren verfügbare Faktoreinheiten produktiv genutzt werden. In dieser Periode nicht verbrauchte

Faktoreinheiten sind unwiederbringlich und folglich in der Zukunft nicht mehr für produktive Aufgaben einsetzbar. Es kommt zu nicht-effizienten Faktoreinsatzverhältnissen. Daher nennt man diese fixen Faktorarten auch zeitunelastische Produktionsfaktoren. Für sie gilt folglich:

$$r_i = a_i \cdot x + s_i = r_i^{verf} \quad \text{für} \quad i \in FF .$$

Berücksichtigt man das unterschiedliche Verbrauchsverhalten der variablen und fixen Faktorarten in der obigen Funktion der Faktorkosten in Abhängigkeit von den Faktoreinsatzmengen, erhält man die gesuchte Kostenfunktion K (x):

$$K = \sum_{i=1}^{n} r_i \cdot q_i \quad \Leftrightarrow \quad K = \sum_{i \in FF} r_i^{verf} \cdot q_i + \sum_{i \in FV} a_i \cdot q_i \cdot x \quad \Leftrightarrow \quad K = K_f + k_v \cdot x .$$

Die bewerteten verfügbaren Faktormengen der fixen Faktorarten bilden zusammen die fixen Kosten K_f, die bewerteten produktiv genutzten Faktormengen der variablen Faktorarten führen zu den variablen Kosten $k_v \cdot x$. Der variable Stückkostensatz k_v errechnet sich dabei aus der Summe der Produkte von Produktionskoeffizienten und Faktorpreisen der variablen Faktorarten. Die Linearität dieser Kostenfunktion spiegelt das proportionale Verhältnis zwischen den Faktoreinsatzmengen der variablen Faktorarten und der Ausbringungsmenge wider. Der Graph der Kostenfunktion ist in der Abbildung 6.3 dargestellt.

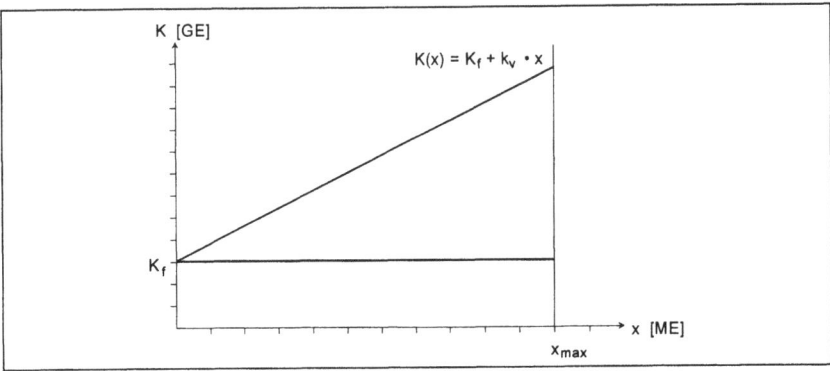

Abbildung 6.3: Variable und fixe Kosten der Produktion im Einprodukt-Fall in Abhängigkeit von der Ausbringungsmenge

Ergänzend muß auf folgende Besonderheit hingewiesen werden. Es existieren zeitunelastische Produktionsfaktoren, bei denen für eine bestimmte Periode kein verfügbarer Bestand vorgehalten werden muß, sondern deren für die Produktion jeweils erforderliche Faktoreinsatzmengen gerade beschafft werden können, so daß die beschafften Mengen exakt den Verbrauchsmengen entsprechen. Typische Beispiele für diese besondere Gruppe zeitunelastischer Produktionsfaktoren sind leicht verderbliche Rohstoffe und die menschliche Arbeitszeit im Falle einer Akkordentlohnung. Während man im ersten Fall nur soviel vom Rohstoff beschaffen wird, wie in der Periode auch verbraucht wird, nimmt man von der akkordlohnabhängigen Arbeitszeit nur diejenigen Stunden in Anspruch, die der hervorgebrachten Ausbringungsmenge entsprechen. Es gilt daher:

$$r_i = a_i \cdot x = r_i^{verf} \text{ für } i \in FF \; .$$

Diese jeweils noch beschaffbaren zeitunelastischen Produktionsfaktoren hängen folglich mit ihren Verbrauchs- oder Einsatzmengen ausschließlich von der zu produzierenden Ausbringungsmenge ab und weisen daher dieselbe Eigenschaft wie die variablen Faktorarten auf. Ihre Kosten lassen sich daher ebenso den variablen wie den fixen Kosten zuschlagen. Die Abbildung 6.4 zeigt noch einmal den Zusammenhang zwischen den zeitelastischen/zeitunelastischen Produktionsfaktoren und den variablen/fixen Faktorarten auf.

	Verbrauchsmenge ≤ verfügbarer Bestand	*Verbrauchsmenge = Beschaffungsmenge*
Zeitelastischer Produktionsfaktor	variable Faktorart	variable Faktorart
Zeitunelastischer Produktionsfaktor	fixe Faktorart	Variable (fixe) Faktorart

Abbildung 6.4: Der Zusammenhang zwischen zeitelastischen/zeitunelastischen Produktionsfaktoren und den variablen/fixen Faktorarten

Abschließend muß noch auf zwei Punkte hingewiesen werden. Zum einen kann die erläuterte Vorgehensweise zur Aufstellung der Kostenfunktion K(x) auch verwendet werden, wenn entsprechende Kostenfunktionen für die verschiedenen Zwischenerzeugnisse oder die einzelnen Arbeitsgänge bestimmt werden sollen. Zum anderen muß beachtet werden, daß die ermittelte Kostenfunktion nicht alle in einem Betrieb anfallenden Kosten umfaßt. So bleiben alle bewerteten Verbrauchsmengen unberücksichtigt, die durch die dispositiven Tätigkeiten im Produktionsbereich sowie durch die ausführenden und dispositiven Tätigkeiten in anderen Funktionsbereichen als dem Produktionsbereich, z.B. im Beschaffungs-, Absatz- und Verwaltungsbereich, entstehen.

6.4 Die Analyse der Kostenfunktion in Abhängigkeit von der Ausbringungsmenge

Bei linear-limitationaler Einprodukt-Fertigung lautet die Kostenfunktion bekanntermaßen:

$$K(x) = K_f + K_v(x) = K_f + k_v \cdot x \quad \text{für } 0 \leq x \leq x_{max}.$$

Aus dieser Gesamtkostenfunktion bzw. deren Elementen lassen sich nun die folgenden stückbezogenen Kostenfunktionen herleiten.

1. Die Funktion der *Fixkosten pro Stück* $k_f(x)$ [GE/ME]:

$$k_f(x) = \frac{K_f}{x}.$$

Die Fixkosten pro Stück bei einer bestimmten Ausbringungsmenge ergeben sich durch die gleichmäßige Verteilung der Fixkosten auf alle Mengeneinheiten dieser Ausbringungsmenge. Sie sinken mit wachsender Ausbringungsmenge. Man spricht hier auch vom *Degressionseffekt* der Fixkosten.

2. Die Funktion der *variablen Stückkosten* $k_v(x)$ [GE/ME]:

$$k_v(x) = \frac{K_v(x)}{x} = k_v.$$

Die variablen Stückkosten bei einer bestimmten Ausbringungsmenge erhält man durch die gleichmäßige Verteilung der variablen Kosten für diese Menge auf sämtliche in ihr enthaltenen Mengeneinheiten. Im vorliegenden Falle sind sie unabhängig von der Ausbringungsmenge.

3. Die Funktion der *gesamten Stückkosten* $k(x)$ [GE/ME]:

$$k(x) = \frac{K(x)}{x} = \frac{K_f}{x} + k_v.$$

Die gesamten Stückkosten bei einer bestimmten Ausbringungsmenge erhält man, indem man die Gesamtkosten für diese Ausbringungsmenge nach dem Prinzip der Durchschnittsbildung gleichmäßig auf die einzelnen Mengeneinheiten verteilt. Die gesamten Kosten pro Stück setzen sich aus den Fixkosten pro Stück und den variablen Stückkosten zusammen und sinken im vorliegenden Falle mit wachsender Ausbringungsmenge.

4. Die Funktion der *Grenzkosten* K' (x) [GE/ME]:

$$K'(x) = \frac{dK(x)}{dx} = k_v .$$

Die Grenzkosten geben an, um welchen Betrag sich die gesamten Kosten verändern, wenn sich die Ausbringung um eine – streng genommen infinitesimal kleine – Mengeneinheit verändert. Sie entsprechen im vorliegenden Falle den variablen Stückkosten.

Die folgende Abbildung 6.5 zeigt die Verläufe der vier stückbezogenen Kostenfunktionen.

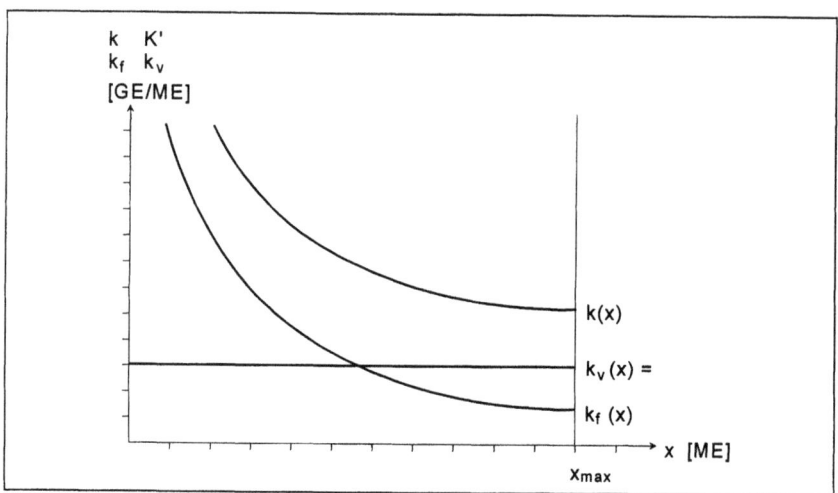

Abbildung 6.5: Verläufe der stückbezogenen Kostenfunktion bei linear-limitationaler Einprodukt-Fertigung

Aufgabe 6.1: Ermittlung und Analyse von Kostenfunktionen

Für die Produktion eines Tisches mögen die folgenden Produktionskoeffizienten und Faktorpreise bestimmt worden sein.

Produktionsfaktor	Produktionskoeffizient [FE/ME]	Faktorpreis [GE/FE]
Tischplatte	1	50,00
Tischbein	4	6,00
Leim [l]	0,05	10,00
Strom [KWh]	0,2	0,50
Arbeitszeit [Std.]	0,8	25,00
Maschinenzeit [Std.]	0,8	125,00

a) Wie hoch sind die Fixkosten pro Woche sowie die variablen Kosten pro Tisch? Wie lautet die Funktion der Gesamtkosten pro Woche in Abhängigkeit von der Ausbringungsmenge an Tischen? Gehen Sie dabei von einer wöchentlichen Arbeits- und Maschinenzeit in Höhe von 40 Stunden aus. Die Entlohnung ist rein kalenderzeitabhängig.

b) Stellen Sie die Funktionen der Gesamtkosten pro Woche, der fixen Kosten pro Stück, der variablen Kosten pro Stück, der gesamten Kosten pro Stück sowie der Grenzkosten in Abhängigkeit von der Ausbringungsmenge an Tischen graphisch dar.

Literaturhinweise:

Adam, D., Entscheidungsorientierte Kostenbewertung, Wiesbaden 1970, S. 65 ff. u. 87 ff.

Adam, D., Produktions-Management, 9. Auflage, Wiesbaden 1998, S. 276 ff.

Bloech, J., Lücke, W., Produktionswirtschaft, Stuttgart, New York 1982, S. 81 ff., 158 ff. u.160 ff.

Fandel, G., Produktion I. Produktions- und Kostentheorie, 4. Auflage, Berlin, Heidelberg 1994.

Heinen, E., Betriebswirtschaftliche Kostenlehre, 6. Auflage, Wiesbaden 1983, S. 150 ff. u. 418 ff.

7. Produktions-Planungs- und -Steuerungs-Systeme

7.1 Grundlagen

Sollen die Erkenntnisse über Produktions- und Kostenfunktionen für reale Planungs- und Steuerungszwecke nutzbar gemacht werden, müssen die Daten, die diese Funktionen für ein konkretes Produktionssystem kennzeichnen, in einer systematischen, für praktische Planungszwecke brauchbaren Form vorgehalten werden. Dafür werden in zunehmendem Maße computergestützte *Produktionsplanungs- und -steuerungssysteme* (*PPS-Systeme*) eingesetzt. Derartige Systeme sind zur Zeit in erster Linie Informations- und Datenverwaltungssysteme, die Daten der betrieblichen Teilbereiche zentral erfassen und verfügbar machen. Sie wurden als Computerprogramme von der Praxis eigentlich ohne Bezug zur Produktions- und Kostentheorie entwickelt und haben sich für unterschiedliche Produktionssysteme bewährt. Bei näherem Hinsehen stellt sich heraus, daß sie in sehr direkter und übersichtlicher Form das Mengen- und Kostengerüst der entsprechenden produktiven Zusammenhänge beschreiben. Sie sind somit das entscheidende Instrument, Produktions- und Kostenfunktionen für Entscheidungen in der Praxis verfügbar zu machen.

7.2 Datenstrukturierung und relationale Datenbanken

7.2.1 Begriffs- und Modellbildung

In diesem Abschnitt werden die Grundlagen für die Strukturierung der Informationen gelegt, die für die Verwaltung der Produktion wichtig sind. Informationen sind der Inhalt oder die Bedeutung der Beschreibungen von Gegenständen oder Sachverhalten unabhängig von ihrer sprachlichen Fassung. Es gilt, ein allgemeines Vorgehen zu skizzieren, das von einer alltags- oder fachsprachlichen Beschreibung der Realität ausgeht und mit einer systematisch geordneten Zusammenstellung aller relevanten Informationen in strukturierter Form endet. Dabei hilft eine systemtheoretisch fundierte Sichtweise, die eine Zerlegung des betrachteten Gegenstandsbereiches in einzelne Elemente nahelegt und ein Verständnis des Gegenstandsbereiches über eine Analyse der Beziehungen der Elemente untereinander erreicht. Die Elementbildung erfolgt dadurch, daß man einzelne Realitätsbrocken im Geiste isoliert betrachtet und mit Begriffen belegt. Wer sich einen Gegenstand oder Sachverhalt von anderen verschieden vorstellen kann, der hat einen Begriff davon. Das, was die Dinge unterscheidbar macht, sind ihre Merkmale. Für die Lösung einer bestimmten Aufgabe wie der Verwaltung eines Produktionssystems ist in der Regel nur eine Teilmenge der Elemente des Untersuchungsbereichs wesentlich. Darüber hinaus muß meistens auch nur eine Teilmenge der Merkmale der Untersuchungsgegenstände betrachtet werden. Die relevanten Elemente und die betrachtete Merkmalsmenge werden in einem Abstraktionsprozeß gewonnen, der von dem angestrebten Endergebnis abgeleitet werden muß. Dabei spielen Vorgänge wie Isolieren, Klassifizieren, Aggregieren und Verallgemeinern eine wesentliche Rolle. Was in der hier vorgestellten allgemeinen Form schwierig und abstrakt erscheint, ist etwas, was man im Alltag, insbesondere aber bei wissenschaftlichen Überlegungen ständig macht. Wie so häufig bei der angewandten Wissenschaft ist die Lösung konkreter Probleme einfacher als die allgemeine Beschreibung des Lösungsweges. Aber erst mit der Wegbeschreibung wird die Lösung übertragbar und damit lehrbar. Die Abbildung 7.1 soll diesen Weg noch einmal skizzieren.

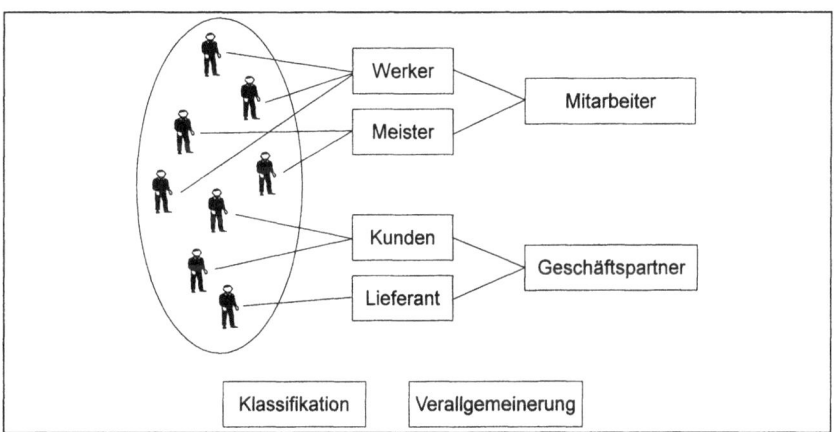

Abbildung 7.1: Abstraktionsvorgänge bei der Modellkonstruktion

Der Vorgang der *Klassifikation* erfolgt, wenn Gegenstände der realen Welt unter einen Begriff gebracht werden. Dabei wird ein inhaltliches Verständnis des Begriffs vorausgesetzt. Es muß letztlich eine Regel geben, nach der man entscheiden kann, ob der Gegenstand unter diesen Begriff fällt oder nicht. Er fällt unter den Begriff, wenn er Element der Klasse ist, den der Begriff beschreibt. Ein Werker ist jemand, der in einem Unternehmen beschäftigt und an dem Herstellungsprozeß direkt beteiligt ist. Ein Meister ist auch im Herstellungsbereich eines Unternehmens beschäftigt, hat aber in der Regel eine leitende Funktion und damit Personalverantwortung. Sieht man von den Unterscheidungsmerkmalen ab, sind beide als Mitarbeiter des Unternehmens zu kennzeichnen. *Modellierung* beginnt damit, eine Liste der Begriffe zu erstellen, die für die Bearbeitung einer Aufgabenstellung in erster Linie wichtig sind. Durch sie werden die Hauptunterscheidungen festgelegt, die man in dem Untersuchungsbereich treffen möchte.

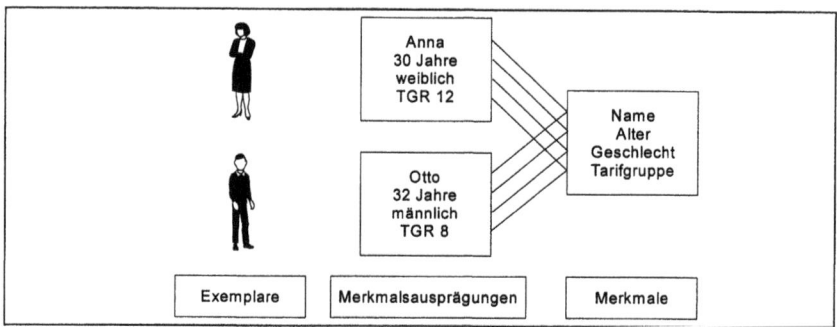

Abbildung 7.2: Merkmale und Merkmalsausprägungen von Exemplaren einer Klasse

Eine nähere Beschreibung der Klassen erfolgt dann durch die Festlegung von Merkmalen von Elementen der ins Auge gefaßten Klassen. Für die dafür gewählten Begriffe werden bei der Modellkonstruktion keine expliziten Klassen mehr vorgesehen, sondern man verständigt sich nur darüber, welche Ausprägungen ein solches Merkmal annehmen kann. Werker gehören zu einer Tarifgruppe (TGR), haben ein Alter, sind Mann oder Frau und haben ein Datum, an dem sie in das Unternehmen gekommen sind. Welche dieser Merkmale bei der Beschreibung zu berücksichtigen sind, hängt von der Fragestellung ab, auf die eine Antwort gesucht wird. Abbildung 7.2 verdeutlicht die Beschreibung der Merkmalsausprägungen einiger Exemplare der Klasse Werker.

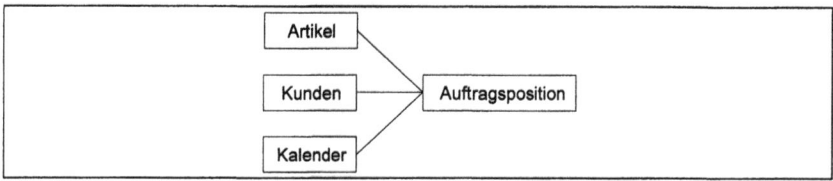

Abbildung 7.3: Begriffsbildung durch Aggregation

Von Aggregation oder Komposition spricht man, wenn neue Gegenstände durch Zusammensetzung aus schon vorhandenen Gegenständen entstehen (vgl. Abbildung 7.3). So sind Beine und Sitzplatte Gegenstände, aus denen sich ein Hocker zusammensetzt. Das gilt aber auch für Begriffe wie Auftragsposition, die sich aus einer bestimmten Menge eines Artikels für einen bestimmten Kunden zu einem bestimmten Termin zusammensetzt. Werden die Teile des neuen Gegenstandes schon in der Begriffswelt der bislang formulierten Klassen verfügbar gemacht, läßt er sich durch Hinweis auf die Komponenten explizit beschreiben. Der Unterschied zu der oben behandelten Festlegung von Merkmalen besteht darin, daß hier die Bestandteile explizit in Form von Klassen formuliert sind.

Im Sinne der hier skizzierten Begriffsbildungskonzepte schlägt Wedekind (Wedekind, 1993) folgende Vorgehensweise bei der Strukturierung von Gegenstandsbereichen für die Erfassung in einer Datenbank vor:

1. Schritt
Festlegung der hauptsächlichen Gegenstandsarten, die in dem betrachteten Bereich eine Rolle spielen. Dabei sollte man auf die Erfahrungen und Begriffsbildungen der Fachleute des Gegenstandsbereiches zurückgreifen.

2. Schritt
Festlegung von Unterscheidungsmöglichkeiten von Exemplaren einer Gegenstandsart. Diese Unterscheidungsmöglichkeiten lassen sich durch Attribute beschreiben. Jedes Attribut hat für ein spezielles Exemplar eine bestimmte Ausprägung oder einen bestimmten Wert.

3. Schritt
Der Übergang von Arten zur Gattung. Hier lassen sich die Attribute verwalten, die zwei Arten gemeinsam sind.

4. Schritt
Die Zusammensetzung von Gegenständen. Hier werden die Begriffe gebildet, die im Sinne einer Ganz-Teil-Beziehung unter Zuhilfenahme der schon verfügbaren Begriffe konstruiert werden können.

7.2.2 Daten, Datenbanken, Datenbanksysteme

Daten sind Angaben oder Befunde, die auf einem Speichermedium verfügbar gemacht werden. Sind die Speichermedien einem Rechner zugänglich, können die Daten rechnergestützt verwaltet werden. Eine *Datenbank* ist eine so vorgehaltene systematische Zusammenstellung von Daten über einen Gegenstandsbereich. Die Art der Systematik ergibt sich aus dem Thema, für das die Daten gesammelt werden. Sie ist in der Regel inhaltlich bestimmt und muß nach Sinnkriterien entwickelt werden. Durch sie wird die Ordnung bestimmt, die einen Themenbereich erschließbar macht. Die formalen und technischen Hilfsmittel, die zur Erstellung der Ordnung und zum Abruf von Daten und somit zur Verwaltung einer Datenbank benutzt werden, gehören mit zum Datenbanksystem. Ein *Datenbanksystem* besteht aus einer Datenbank und den Hilfsmitteln zur Verwaltung der Datenbank. Zu den Verwaltungsvorgängen gehören unter anderem das Anlegen von *Dateien* sowie das Eingeben, Ändern, Suchen, Ordnen, Löschen und Anzeigen von Daten.

Die Bestandteile eines *Datenbankverwaltungssystems* lassen sich aus dem Architekturmodell ableiten. Dieses Modell besteht aus drei Schichten. Diejenige Schicht, die die Realität zunächst einmal darstellt, ist das konzeptionelle *Modell*. Auf dieser Ebene werden die verwendeten Begriffe gebildet und die *Datenstrukturen* unabhängig vom Anwenderprogramm und der physischen Speicherung beschrieben. Darunter gibt es die Ebene der physischen Speicherung. Hier ist zu beschreiben, auf welche Art und Weise und in welcher Form die Daten physisch gespeichert werden sollen. Die dritte Schicht besteht aus der Anwendersicht, die für spezielle Benutzergruppen problembezogene Sichten der Daten ermöglicht. Die Güte eines Datenbankmodells hängt unter anderem davon ab, wie gut voneinander getrennt die drei Ebenen implementiert werden können. Als besonders geeignet hat sich dabei das *Relationenmodell* von Chen und Codd bewährt. *Relationale Datenbankmodelle* finden daher zunehmend Eingang in die industrielle Praxis. Im folgenden werden zunächst mit dem Entity-Relationship-Ansatz eine Vorgehensweise zur Erstellung eines konzeptionellen Datenmodells vorgestellt und dann die Konzepte relationaler Datenbanken erklärt.

7.2.3 Der Entity-Relationship-Ansatz

Ausgangspunkt einer inhaltlichen Modellierung sind die Konzepte zur Erstellung und Verwaltung von Daten über einen Realitätsausschnitt, also das konzeptionelle Datenmodell. Ein Datenmodell wird häufig mit sprachlichen und graphischen Mitteln formuliert. Es dient dazu, den Begriffs- und Klassenbildungsvorgang systematisch zu unterstützen und transparent zu machen. Ein Ansatz dazu, der heute die Diskussion weitgehend bestimmt, ist der *Entity-Relationship-Ansatz*, der 1976 von Peter Chen vorgestellt wurde (Chen 1976) und in der Folge einige Erweiterungen erfahren hat. Er hat sich in der Literatur wohl auch deswegen durchgesetzt, weil er formale Strukturen beinhaltet, auf denen man nachvollziehbare und sinnvolle Operationen auf formale Art und Weise durchführen kann. Dazu zählt zum Beispiel die *Normalisierung*, ein Vorgang, der sich unabhängig vom Inhalt der Daten darstellen läßt. Letztlich ist der Ansatz aber aus inhaltlichen Gründen wichtig, da er ein Ordnungs- und Entwicklungsschema für das Erstellen einer Datenbank darstellt. Die grundlegenden Konzepte sind nach Chen Entities, Relationships und Attributs. Die dafür verwendeten graphischen Symbole werden in der Abbildung 7.4 dargestellt.

Symbol	Bezeichnung	Bedeutung
 ▭	Entity-Typ	Grundbegriff
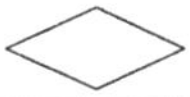 ◇	Relationship-Typ	zusammengesetzter Begriff
 ◯	Attribut	Merkmal von Elementen einer Begriffsklasse
—	Verbindung	Verknüpfung von Begriffen

Abbildung 7.4: Symbole des Entity-Relationship-Schemas

Dieser Ansatz ist eine Konstruktionshilfe für das Entwickeln einer Datenbank in folgendem Sinne: Zunächst versucht man, die wesentlichen Gegenstände des Untersuchungsbereiches zu bestimmen. Dabei geht man häufig von den physisch vorhandenen Objekten aus und definiert dafür Klassen. Sie werden als *Entity-Typen* bezeichnet und graphisch durch ein Rechteck symbolisiert. Die Art der Dinge in der Klasse wird mit dem zutreffenden Begriff bezeichnet, der in das Rechteck eingetragen wird. Auf diese Weise schafft man eine Welt von Basisbegriffen, die man weiter untersuchen kann. Dieser Festlegungsvorgang ist eine Abstraktion, denn was in der angestrebten Datenbank überhaupt ausgedrückt werden kann, wird natürlich von den Basisbegriffen eingeschränkt. Wenn in dem behandelten Problem Personen und Städte eine Rolle spielen, wird man in einem ersten Schritt dafür Entity-Typen schaffen müssen. Die konkreten Ausprägungen von Entity-Typen, etwa die Personen 'Meyer' und 'Müller' oder die Städte 'Hamburg' und 'München', werden als Entities bezeichnet.

Mit Hilfe der Basisbegriffe lassen sich zusammengesetzte Begriffe schaffen. Sie sind die *Relationships* des ER-Ansatzes. Im *ER-Diagramm* werden sie durch eine Raute symbolisiert. Ein solcher zusammengesetzter Begriff im Zusammenhang mit Personen und Städten ist der Begriff GEBURTSORT. Häufig läßt sich der Zusammenhang zwischen den Basisbegriffen durch ein Verb darstellen, das die beiden Begriffe miteinander verbindet. Im Beispiel wäre etwa das Verb "ist geboren in" zu benutzen. Das Begriffspaar PERSON, STADT läßt aber auch andere zusammengesetzte Begriffe zu, wie zum Beispiel WOHNORT, zu charakterisieren etwa durch das Verb "wohnt in". Beziehungen können auch zwischen Entities desselben Typs vorkommen. In diesem Sinne ist EHE ein Beziehungstyp, der die Begriffsklasse PERSON mit sich selbst verbindet. Die entsprechende Raute wird daher auf beiden Seiten mit demselben Entity-Typ verbunden. In der Abbildung 7.5 wird das entsprechende ER-Diagramm angegeben.

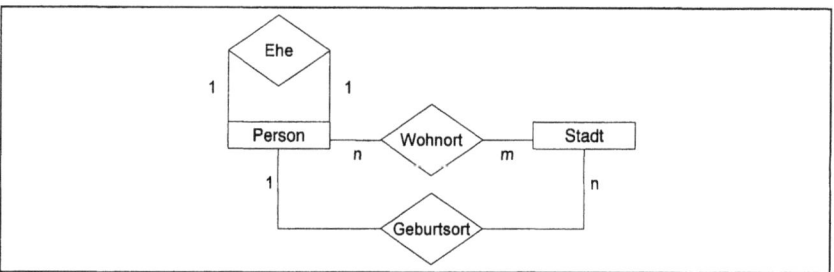

Abbildung 7.5: Beispiel für ein ER-Diagramm

Formal lassen sich *Beziehungstypen* nach ihrem Komplexitätsgrad unterscheiden. Am einfachsten sind 1:1 - Beziehungen, bei denen jedes Element der einen Begriffsklasse zu höchstens einem Element der anderen Begriffsklasse in Beziehung steht und das auch bei Umkehrung der Sichtweise gilt. Dazu zählt zum Beispiel der Beziehungstyp EHE. Von einer 1:n - Beziehung spricht man, wenn ein Element der einen Begriffsklasse zu höchstens einem Element der anderen Begriffsklasse in Beziehung steht, umgekehrt aber ein Element der zweiten Begriffsklasse mit vielen Elementen der ersten Begriffsklasse Beziehungen hat. Ein Beispiel dafür ist die Beziehung **Geburtsort**, da jede Person nur einen Geburtsort hat, aber ein Ort der Geburtsort vieler Personen sein kann. Schließlich gibt es noch n:m - Beziehungen, bei denen eine Mehrfachbeziehung in beide Richtungen möglich ist. So kann eine Person mehrere Wohnorte haben und ein Ort ist Wohnort vieler Personen. Beziehungstypen spielen bei der weiteren Datenstrukturierung eine wichtige Rolle. Sie werden an den Verbindungsgeraden im ER-Modell entsprechend vermerkt.

Es ist klar, daß man auf diese Weise alle Sachverhalte, bei denen ausschließlich Personen und Städte eine Rolle spielen, beschreiben kann. Dabei sind die Begriffsinhalte formal nicht mehr zu unterscheiden. Die Unterscheidung kommt erst durch den Begriff selber wieder zustande. Gerade dafür bildet man die Begriffe.

Attribute sind die bestimmenden Begriffsmerkmale. Sie ermöglichen die Unterscheidung und nähere Beschreibung von Elementen einer Begriffsklasse. Personen unterscheiden sich zum Beispiel nach Personalausweisnummer, Namen und Beruf. Städte lassen sich durch Postleitzahlen, geographische Koordinaten, Einwohnerzahl oder Höhe über dem Meeresspiegel näher bestimmen. Auch zusammengesetzten Begriffen können nähere Bestimmungsmerkmale zugeordnet werden. Zum Beispiel kann es sinnvoll sein, dem Wohnort einer Person das entsprechende Zuzugsdatum oder auch dem Geburtsort das Geburtsdatum zuzuordnen (vgl. Abbildung 7.6). Dabei werden eindeutig identifizierende Attribute, sogenannte *Schlüsselattribute*, und nicht identifizierende Attribute unterschieden. Für den Entity-Typ PERSON ist das Attribut PA_NR ein Schlüsselattribut, da die Personalausweisnummer eine Person eindeutig identifiziert. Ähnliches gilt für die Postleitzahlen in bezug auf Städte. Eine Stadt ist natürlich auch durch ihre geographischen Koordinaten eindeutig zu identifizieren. Der Name reicht auch hier in der Regel nicht, weil es zum Beispiel mehr als zehn Orte mit dem Namen Münster gibt, wie ein Blick in das Postleitzahlenbuch schnell nachweist. Als Schlüsselattribute von Relationshiptypen können immer die Schlüsselattribute der Entity-Typen herangezogen werden, die sie konstituieren.

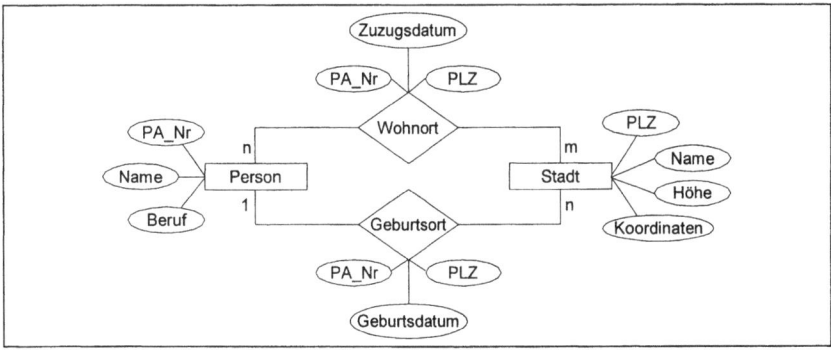

Abbildung 7.6: ER-Diagramm mit Attributen

Durch die so erfolgte Beschreibung wird festgelegt, aus welchen Dingen der Ausschnitt der Welt bestehen soll, der in der Datenbank erfaßt werden soll. Zu beachten ist, daß auf diese Weise ausschließlich eine Beschreibung der Dingwelt erfolgt. Es wird in der Datenbank nicht formuliert, wie sich die Welt verändern kann. Es können zwar die Änderungen durch Veränderungen der Eintragungen nachgehalten werden, aber die Handlungen und Geschehnisse, die die Veränderungen herbeiführen, sind in dem *konzeptionellen Datenmodell* nicht verfügbar. Dies kann erst bei *objektorientierten Datenmodellen* realisiert werden.

Zu den Elementen des erweiterten ER-Ansatzes zählen die Verallgemeinerungshierarchie, Teilmengenbildung, zusammengesetzte Attribute und Identifikationsmerkmale.

7.2.4 Relationale Datenbanken

In einer relationalen Datenbank werden alle Daten in *Tabellen* abgelegt. Eine Tabelle ist ein Schema aus Zeilen und Spalten. Ein solches Schema dient der Beschreibung von gleichartigen Gegenständen, indem als Spaltenüberschriften die Merkmale der Gegenstandsart angegeben sind. Der Schnittpunkt einer speziellen Spalte mit einer speziellen Zeile kennzeichnet ein *Datenfeld*, in dem ein Wert gespeichert werden kann. Alles, was an Informationen über die Gegenstandsart verwaltet werden kann, muß sich in den Merkmalen ausdrücken. Damit wird eine Gegenstandsart als ein Merkmalsbündel gesehen. In jeder Zeile der Tabelle läßt sich ein spezieller Gegenstand der vorgegebenen Art beschreiben, indem in den Feldern der Zeile seine speziellen *Merkmalsausprägungen* angegeben werden. Die Spalten der Tabellen lassen sich auf diese Weise durch Attribute des ER-Modells kennzeichnen. Spezielle Gegenstände einer vorgegebenen Art werden als Exemplare dieser Gegenstandsart bezeichnet. Sie unterscheiden sich zumindest in Bezug auf die Schlüsselattribute. In der Abbildung 7.7 sind zwei solche Tabellen dargestellt, die die Gegenstandsarten Person und Stadt beschreiben. In ihnen sind 4 bzw. 3 Exemplare der jeweiligen Gegenstandsart angegeben.

```
PERSON
PA_NR            NAME           BERUF
123098765        SCHMIDT        LEHRER
213456789        MEIER          BAECKER
321456780        SCHULZE        STUDENT
789654321        MUELLER        SCHLOSSER

STADT
PLZ              NAME           HOEHE      GEOGR_LAENGE    GEOGR_BREITE
48161            MUENSTER       60         7°40' O         51°55' N
49078            OSNABRUECK     64         8°3' O          52°16' N
33605            BIELEFELD      113        8°35' O         52°0' N
```

Abbildung 7.7: Tabellen einer relationalen Datenbank

Da jede Tabelle formal eine Relation beschreibt, spricht man von einer relationalen Datenbank. Auch die Relationship-Typen, also Klassen für zusammengesetzte Begriffe, lassen sich mit Hilfe von Tabellen beschreiben. Dazu müssen nur die Schlüsselattribute als identifizierende Merkmale der Klassen der Grundbegriffe festgelegt sein. Sie bilden zusammen mit den für die Relationship zusätzlich definierten Merkmalen die Merkmale der Tabelle für einen zusammengesetzten Begriff.

```
WOHNORT
PA_NR        PLZ      DATUM
123098765    48161    10.3.63
213456789    33605    17.1.65
321456780    48161    13.8.72
789654321    49078    14.8.63
```

Abbildung 7.8: Tabelle für zusammengesetzte Begriffe

Um *Redundanzen* zu vermeiden, werden Tabellen als Relationenschemata häufig einem *Normalisierungsprozeß* unterzogen. Dieser Prozeß hat ein Relationenschema zum Ergebnis, bei dem Redundanzen bei Nicht-Schlüsselattributen vemieden werden. Dafür werden aber Redundanzen bei den Schlüsselattributen in Kauf genommen.

Eine pragmatische Vorgehensweise bei der Umsetzung eines ER-Modells in Tabellen sieht wie folgt aus: Für jeden Entity-Typ und jeden Beziehungstyp wird eine Tabelle angelegt. Die Tabelle erhält für jedes Attribut eine Spalte und für jedes Entity eine Zeile. Jede Zeile wird durch die Schlüsselattribute eindeutig identifiziert. Bei 1:1 und 1:n Beziehungen kann auf die explizite Modellierung in Form einer eigenen Tabelle verzichtet werden, wenn die Attribute des Relationshiptyps als Spalten in der Tabelle desjenigen Entity-Typs verwaltet werden, für den die Beziehung eindeutig ist. Das so entstehende Relationenschema ist bei Verzicht auf die explizite Modellierung sämtlicher Relationship-Typen nicht mehr in Normalform, verringert aber ohne Nachteile die Schlüsselredundanzen.

7.3 Grunddatenverwaltung in einem PPS-System

7.3.1 Die Darstellung der Fertigung durch ER-Diagramme

Bei der Beschreibung der Grunddaten der Produktion ist es bequem, alle Gegenstände, die möglicherweise bereitgestellt werden müssen, in einer Datei zu verwalten. Daher verwendet man einen aggregierten Begriff wie **Artikel**, der die natürlicherweise unterschiedenen Begriffsklassen zusammenfaßt. Eine weitergehende Unterscheidung muß die unterschiedlichen *Informationsbedarfe* widerspiegeln, die insbesondere bei den Beschaffungs- und Bereitstellungsvorgängen eine Rolle spielen. Eine sinnvolle Möglichkeit besteht darin, zunächst Artikel, die im Unternehmen als Teile durch Bearbeitung von Rohmaterial oder als Baugruppen durch den Zusammenbau aus anderen Artikeln entstehen, als **Eigenartikel** auszuweisen und von solchen Artikeln zu unterscheiden, die von außen dem Unternehmen zugeführt werden. Letztere werden unter dem Begriff **Fremdartikel** zusammengefaßt. Für die Eigenartikel ist eine weitere Spezialisierung sinnvoll, bei der die verkaufsfähigen Eigenartikel als **Produkt** gekennzeichnet werden. Dabei wird unterstellt, daß Fremdartikel nicht unbearbeitet als reine Handelsware weiterverkauft werden. Als Merkmale sind hier neben einer identifizierenden Artikelnummer **ArtNr** stark vereinfachend lediglich ein Bezeichner **ArtName** und eine Dimension **ArtMaßeinheit** vorgesehen (vgl. Abbildung 7.9).

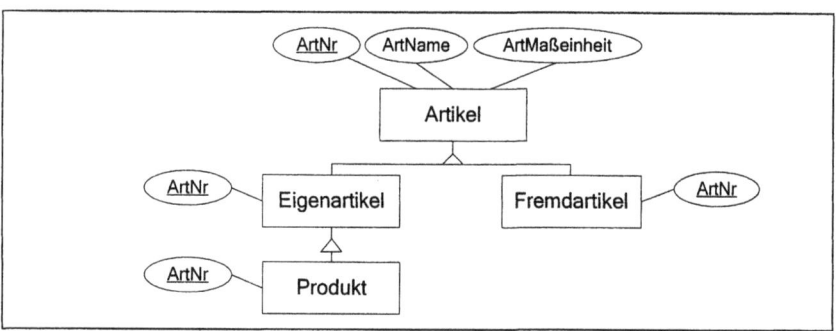

Abbildung 7.9: Artikel

Nach Anlegen der Grundbegriffe in Form von Entity-Typen muß nun festgehalten werden, welche Zusammenhänge zwischen den verschiedenen Artikelkategorien bestehen. Diese Informationen sind in den Unternehmen üblicherweise in Stücklisten abgelegt. Sie beschreiben, woraus ein Artikel besteht. Für jeden Eigenartikel, der im Unternehmen erstellt wird, muß daher eine *Stückliste* verwaltet werden. In ihr müssen jedem Artikel diejenigen Artikel zugeordnet werden, die zu seiner Herstellung benötigt werden. Damit ist klar, daß Stückliste ein Begriff ist, der einer Beziehung entspricht. Im *ER-Schema* wird er dem entsprechend durch eine Beziehung **Direktbedarf** erfaßt, die die Eigenartikel mit den Artikeln verbindet.

Der *Direktbedarf* eines Artikels an anderen Artikeln wird in der Baukastenstückliste dieses Artikels beschrieben. Dazu werden einer Artikelnummer die zugehörigen Artikelnummern seiner Bestandteile zugeordnet. Darüber hinaus muß klar sein, in welcher Menge der *Unterartikel* für eine Einheit des *Oberartikels* benötigt wird. Identifizierendes Merkmal ist dabei die Kombination aus Oberartikel-Nummer OArtNr und Unterartikel-Nummer UArtNr. Die als Direktbedarf benötigte Menge wird durch DMenge erfasst. Direktbedarf ist eine n:m-Beziehung, weil ein Oberartikel mehrere Unterartikel haben kann, aber ein Artikel als Unterartikel auch bei verschiedenen Oberartikeln auftauchen kann.

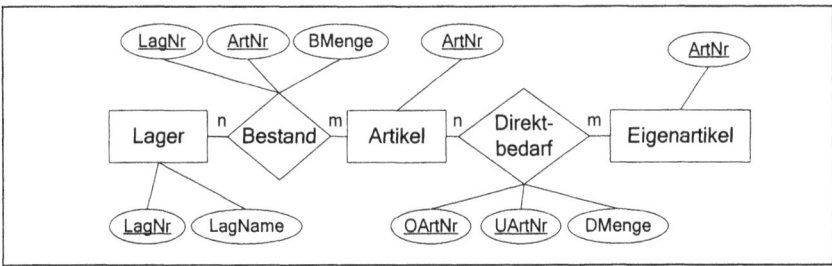

Abbildung 7.10: Direktbedarf und Bestand

Will man für die Artikel Bestände verwalten, um z.B. die Verfügbarkeit von Materialien zu kennzeichnen, muß man Lager ausweisen. Dabei sind in der Regel verschiedene Lager wie Eingangslager und Fertigwarenlager durch den Entity-Typ Lager zu klassifizieren und durch ein identifizierendes Merkmal wie die Lagernummer LagNr sowie eine Bezeichnung LagName zu beschreiben. Der Lagerbestand läßt sich dann als Beziehung Bestand zwischen den Entity-Typen Artikel und Lager interpretieren. Dabei sind die Artikel- und die Lagernummer die identifizierenden Merkmale, die verfügbare Menge ist als BMenge gekennzeichnet. Abbildung 7.10 zeigt dafür ein ER-Schema, das sich wiederum auf die wesentlichen Attribute beschränkt.

Wichtige Einsatzfaktoren sind neben dem Material die Ressourcen in Form von menschlicher Arbeitskraft und maschinellen Anlagen. Sie werden durch die Entity-Typen Werker mit den Attributen WerNr und WerName sowie Maschine mit den Attributen MaNr und MaName klassifiziert. Für eine spätere Ermittlung des Stromverbrauches ist bei den Maschinen die Kenntnis des Anschlusswertes zum Beispiel in Kilowatt wichtig und entsprechend im Attribut Anschlusswert erfasst. Für Maschinen und Werker wird die Ressourcen-Verfügbarkeit in möglicher Einsatzzeit gemessen, die im einfachsten Fall in einem Entity-Typ **Schichtplan** erfasst wird. Der Entity-Typ Schichtplan hat als identifizierendes Merkmal eine Schichtnummer **SchNr** und bemisst die jeweilige Schichtdauer durch Schichtbeginn **SchBeginn** und Schichtende **SchEnde**.

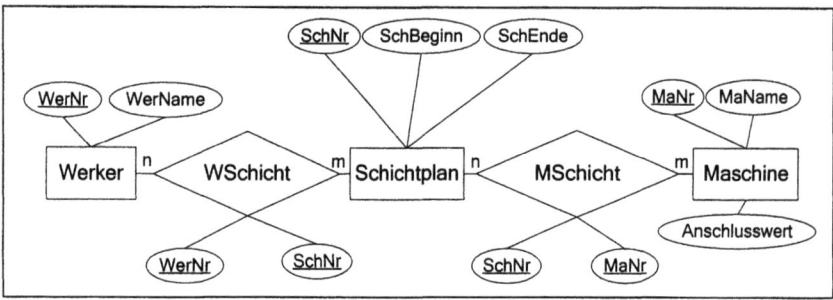

Abbildung 7.11: Schichtplan

Wie in Abbildung 7.11 abzulesen ist, wird die Werker-Verfügbarkeit durch den Relationship-Typ **WSchicht** dargestellt, der über die Merkmale **WerNr** und **SchNr** die Entity-Typen Werker und Schichtplan miteinander verbindet. Ähnliches gilt für die Maschinen-Verfügbarkeit und den Relationship-Typ **MSchicht**.

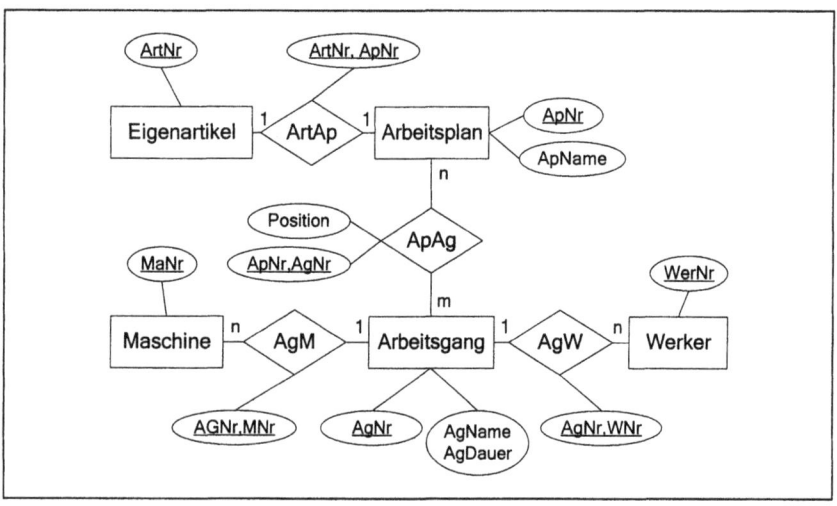

Abbildung 7.12: Arbeitsplan

Die Verwaltung von Bedarfen für Maschinen und Werker erfolgt entsprechend Abbildung 7.12 mit Hilfe des Entity-Typs **Arbeitsplan**. Jeder Eigenartikel hat einen Arbeitsplan mit Nummer ApNr und Namen ApName, der ihm durch den Relationship-Typ ArtAp zugeordnet ist. Die Arbeitsgänge, aus denen die Arbeitspläne bestehen, werden durch den Entity-Typ Arbeitsgang mit den Merkmalen Arbeitsgang-Nummer AgNr, Name AgName und Dauer AgDauer erfasst. Im Merkmal Arbeitsgang-Dauer wird beschrieben, wie lange Maschinen und Werker für die Durchführung des Arbeitsganges eingesetzt werden müssen. Für Maschinen wird der Entity-Typ Maschine durch den Relationship-Typ AgM und für Werker der Entity-Typ Werker durch den Relationship-Typ AgW mit den Arbeitsgängen verbunden. Für jeden Arbeitsgang ist dabei hier genau eine Maschine und ein Werker vorgesehen. Eine Maschine oder ein Werker kann aber für mehrere Arbeitsgänge zuständig sein.

Die Zuordnung der Arbeitsgänge zu den Arbeitsplänen erfolgt durch den Relationship-Typ ApAg mit der identifizierenden Kombination von Arbeitsplan-Nummer ApNr und Arbeitsgang-Nummer AgNr. Dabei wird die Reihenfolge der Durchführung eines Arbeitsganges in einem Arbeitsplan durch das Attribut Position gekennzeichnet.

Nach der Schaffung der Begriffswelt in Form von Entity-Relationship-Diagrammen gilt es nun, die Daten für ein Beispiel in relationalen Schemata zu erfassen.

7.3.2 Die Erfassung der Fertigungs-Daten in Tabellen

Die Überführung der ER-Diagramme in Tabellen ist wie oben beschrieben unproblematisch. Für das Füllen der Tabellen mit konkreten Daten müssen die zu verdatenden Sachverhalte exakt erhoben werden. Dabei kann man auf Unterlagen zurückgreifen, die in den Unternehmen vorhanden sind. In der Regel sind diese Daten aber unsystematisch, unvollständig und häufig auch veraltet, so daß der eigentliche Aufwand einer solchen Verdatung in der Aufarbeitung und Erfassung der Datensituation besteht.

Welche Artikel in der Fertigung einer Unternehmung vorkommen, läßt sich am einfachsten den Zeichnungen und Stücklisten der Produkte entnehmen. In *Stücklisten* sind ja sämtliche Teile und Baugruppen verzeichnet, die beim Zusammenbau eines Produktes benötigt werden. Für die benötigten Baugruppen gibt es dann wieder Stücklisten, die die Zusammensetzung der früheren Stufen darstellen. Solche Unterlagen sind in den meisten Fällen in der Konstruktionsabteilung des Unternehmens vorhanden. Um alle Artikel des Unternehmens zu erfassen, sind diese Unterlagen zu sichten und aufzubereiten. Bei größeren Datenmengen ist bei dieser Arbeit natürlich ein Computer von großer Hilfe. Hier wird davon ausgegangen, daß die Erfassung der Daten erfolgt ist, wie es für das Hocker-Beispiel der Fall ist.

Artikel

ArtNr	ArtName	ArtMaßeinheit
K	Kantholz	Stück
TP	Tischlerplatte	Stück
B	Bein	Stück
S	Sitzfläche	Stück
H	Hocker	Stück

Direktbedarf

OArtNr	UArtNr	DMenge
H	S	1
H	B	4
B	K	0,25
S	TP	0,25

Lager

LagNr	LagName
1	Lager

Produkte

ArtNr
H

Fremdartikel

ArtNr
K
TP

Eigenartikel

ArtNr
B
S
H

Bestand

ArtNr	LagNr	BMenge
K	1	100
TP	1	200
B	1	150
S	1	300
H	1	100

Abbildung 7.13: Artikeldaten

In den Tabellen der Abbildung 7.13 sind Bezeichner für die identifizierenden Merkmale, die sogenannten Schlüsselgrößen, jeweils unterstrichen. Die Schlüsselgrößen, die anderen Tabellen entstammen, nennt man Fremdschlüssel. Sie sind hier doppelt unterstrichen. Bei der Erfassung der Artikel sind für die Artikelnummern aus mnemotechnischen Gründen Anfangsbuchstaben der Artikelnamen gewählt worden. In der Praxis kommt man damit natürlich nicht aus, da ist die Festlegung von Artikelnummern eine schwierige und in der Regel komplexe Aufgabe.

In analoger Weise sind die Entity-Relationship-Diagramme der Abbildungen 7.11 und 7.12 in Tabellen zu überführen. Gemäß Abbildung 7.11 müssen für die Entity-Typen **Werker**, **Maschine** und **Schichtplan** Tabellen angelegt werden, die durch Verknüpfungstabellen miteinander zu verbinden sind, die den (n,m)-Relationen WSchicht und MSchicht entsprechen.

Arbeitsplan		
ApNr	ApName	ArtNr
1	Fertigung Bein	B
2	Fertigung Sitzfläche	S
3	Montage Hocker	H

Arbeitsgang				
AgNr	AgName	AgDauer [min]	MaNr	WerNr
1	Kantholz zerlegen	0,5	K	1
2	Bein runddrehen	2,0	D1	2
3	Bein gewindedrehen	2,5	D2	2
...	...	...	...	...

ApAg		
ApNr	AgNr	Position
1	1	1
1	2	2
1	3	3
...	...	...

Abbildung 7.14: Weitere Tabellen der Grunddatenverwaltung

In Abbildung 7.14 sind die Tabellen angegeben und zum Teil mit Daten gefüllt, die den Entity-Typen der Abbildung 7.12 entsprechen. Deutlich wird dabei, daß die 1:1-Relationen AgM und AgW in die entsprechenden Tabellen mit aufgenommen werden können. Die n:m-Relation AgAp führt zu einer eigenen Tabelle. Im folgenden wird gezeigt, daß diese Art der Datenstrukturierung letztlich den Konzepten der Leontief-Produktionsfunktion entspricht.

7.4 Abbildung der Leontief-Produktionsfunktion in einer relationalen Datenbank

7.4.1 Konzept

Auf Basis des Leontief-Ansatzes können einfache statische Planungsaufgaben durchgeführt werden. Eine Fortschreibung der Planung über mehrere Perioden ist nicht möglich. Mit Hilfe der Produktionsfunktion kann berechnet werden, welche Mengen produziert werden können und wie die Kapazitäten ausgelastet sind. Die möglichen Ausbringungsmengen stehen für die Ausführung von Kundenaufträgen zur Verfügung. Die Verbrauchsfunktionen können herangezogen werden, um für ein bestimmtes Kundenauftragsvolumen den Bedarf an Produktionsfaktoren, insbesondere Material, Maschinen und Werker, zu bestimmen. Anschließend kann überprüft werden, ob die verfügbaren Einsatzmengen ausreichen, um den Bedarf zu decken. Falls die Bestände und Kapazitäten nicht ausreichen, müssen das Auftragsvolumen reduziert oder die Kapazitäten kurzfristig erweitert werden.

Die hier skizzierten Planungsvorgänge sollen mit Hilfe einer relationalen Datenbank durchgeführt werden. Hierzu müssen zunächst die Grunddaten in der Datenbank abgebildet werden. Die Tabellen aus Abschnitt 7.3 können herangezogen werden, um die Artikel, Stücklisten, Maschinen, Werker, Schichtpläne, Arbeitspläne und Bestände zu verwalten. Auf Basis der Grunddaten können die Produktionskoeffizienten für alle Endprodukte berechnet werden. Daher soll in einem zweiten Schritt das Datenbankmodell derart erweitert werden, daß neben den Grunddaten noch Produktionsfaktoren, Einsatzmengen und Produktionskoeffizienten verwaltet werden können. Abschnitt 7.4.2 zeigt kurz auf, wie ein derartige Modellerweiterung aussehen könnte. Der letzte Schritt besteht darin, die Planungsvorgänge zu modellieren und die Ergebnisse darzustellen.

Abschnitt 7.4.3 stellt die Oberfläche der Osnabrücker Lernfabrik dar. Das Programm ist eine Microsoft-Access-Datenbankanwendung, die eine Grunddatenverwaltung, die Berechnung der Produktionskoeffizienten und einfache Planungen unterstützt. Der diskutierte Planungsansatz könnte noch um Kostenüberlegungen (vgl. Kapitel 6) und eine Produktionsprogrammplanung (vgl. Kapitel 8) ergänzt werden.

7.4.2 Modellerweiterung

Die ER-Diagramme im Abschnitt 7.3.1 sollen um die Elemente der Leontief-Produktionsfunktion erweitert werden (vgl. Abbildung 7.15). Eine Produktionsfunktion setzt sich aus Produktionsfaktoren, Produktionskoeffizienten und Einsatzmengen zusammen. Neben diesen drei Bestimmungsgrößen müssen die Beziehungen zu den Entity-Typen der Grunddatenverwaltung abgebildet werden. Zunächst wird ein Entity-Typ **Produktionsfaktor** geschaffen. Ein Attribut **FakNr** identifiziert einen Produktionsfaktor eindeutig. Die Grunddatenverwaltung enthält die Entity-Typen **Fremdartikel**, **Maschine** und **Werker**, die Produktionsfaktoren darstellen. Daher müssen Beziehungen zwischen diesen Entity-Typen und dem Typ **Produktionsfaktor** aufgebaut werden. Diese Beziehungen erhalten die Namen **PFFArt, PFM** und **PFW**. Die Attribute ergeben sich analog zu dem Vorgehen aus Abschnitt 7.3.1. Jeder Fremdartikel, jede Maschine und jeder Werker ist ein Produktionsfaktor, aber nicht jeder Produktionsfaktor ist ein Fremdartikel, eine Maschine oder ein Werker.

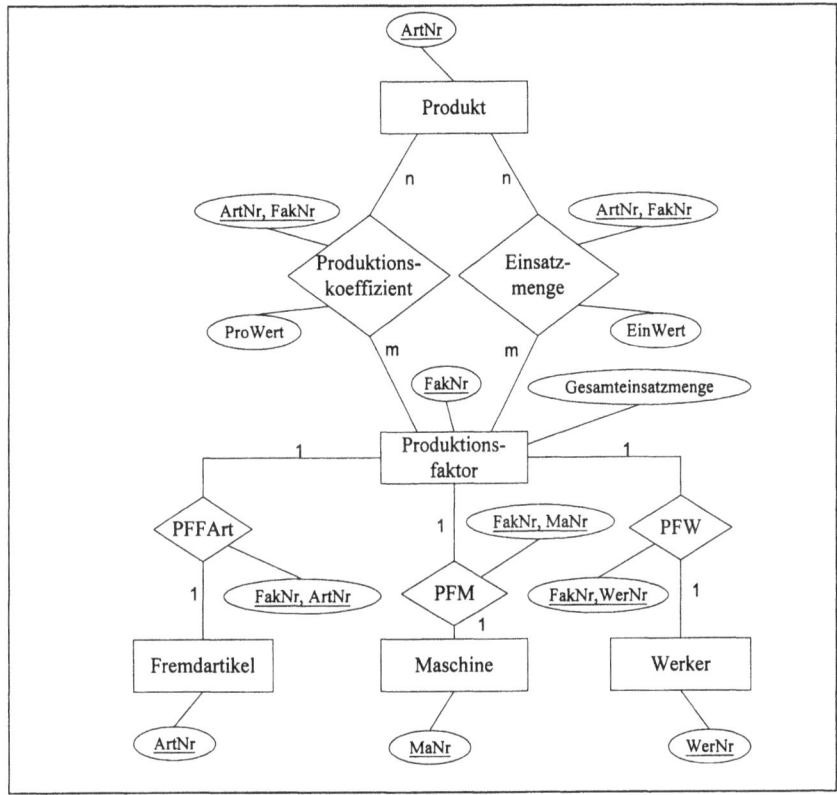

Abbildung 7.16 ER-Diagramm: Produktionstheorie

Der Produktionsfaktor Energie ergibt sich indirekt aus der Grunddatenverwaltung. Aus dem Anschlusswert der Maschinen läßt sich der Energiebedarf für die Endprodukte berechnen. Ein Entity-Typ **Energie** ist nicht notwendig. Für die Bestimmung der Produktionskoeffizienten wird ein Faktor Energie geschaffen, der unter den Entity-Typ **Produktionsfaktor** fällt. Der Faktor Energie hat keine direkten Beziehungen zu der Grunddatenverwaltung.

Die verfügbaren Faktoreinsatzmengen werden auf die einzelnen Produkte aufgeteilt (vgl. Abschnitt 4.5 und Kapitel 8). Der Relationship-Typ **Einsatzmenge** ist daher eine Beziehung zwischen den Typen **Produkt** und **Produktionsfaktor**. Gleiches gilt für die Produktionskoeffizienten. Die Überführung des ER-Diagramms in ein relationales Schema erfolgt auf Basis der im Abschnitt 7.3.2 durchgeführten Vorgehensweise.

7.4.3 Osnabrücker Lernfabrik (OLF)

Die Vorstellung des Programms „Osnabrücker Lernfabrik", kurz OLF, gliedert sich in die bereits bekannten Teile Grunddatenverwaltung, Bestimmung der Produktionskoeffizienten und Planung. Die Planung bezieht sich nur auf Mengen. Kostenaspekte bleiben unberücksichtigt.

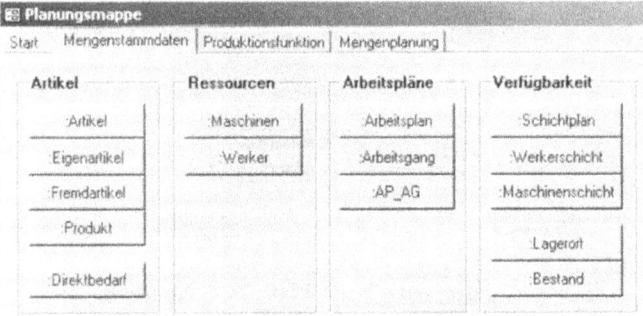

Abbildung 7.16: Verwaltung der Grunddaten

Die Programmoberfläche ist eine Planungsmappe mit vier Registerkarten. Die erste Karte **Start** zeigt eine einführende Grafik, vergleichbar mit Abbildung 4.9. Auf der zweiten Karte **Mengenstammdaten** wird die Benutzeroberfläche der Grunddatenverwaltung dargestellt (vgl. Abbildung 7.16). Zur Übersichtlichkeit ist die Registerkarte in die Abschnitte Artikel, Ressourcen, Arbeitspläne und Verfügbarkeit aufgeteilt worden. Für jede Tabelle ist eine eigene Schaltfläche vorgesehen. Der Tabellenumfang und -aufbau beruhen auf den Ausführungen des Abschnitts 7.3.2. Der Doppelpunkt auf den Schaltflächen deutet an, daß hier Eingaben gemacht werden sollen. Das Betätigen einer Schaltfläche öffnet eine Tabelle, in der die entsprechenden Daten eingetragen werden können.

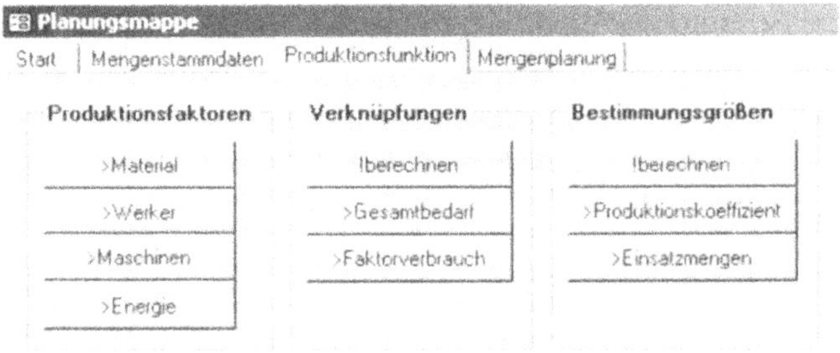

Abbildung 7.17: Verwaltung der Produktionsfunktion

Auf der dritten Registerkarte **Produktionsfunktion** können zunächst die Produktionsfaktoren Fremdartikel, Werker, Maschine und Energie angeschaut werden (vgl. Abbildung 7.17). Das >-Zeichen deutet an, daß hier die Tabellen nur angezeigt werden können. Änderungen sind nicht möglich. Hinter der Schaltfläche !berechnen in der Rubrik **Verknüpfungen** verbirgt sich die Berechnung der Gesamtbedarfsmatrix und der Verbrauchskoeffizienten a^z_i (vgl. Abschnitt 4.5). Die Ergebnisse stehen hinter den Schaltflächen >**Gesamtbedarf** und >**Verbrauch** in Tabellenform zur Verfügung. Das !-Zeichen weist grundsätzlich auf Berechnungsvorgänge hin. In der Rubrik **Bestimmungsgrößen** können die Produktionskoeffizienten berechnet und in Tabellenform angezeigt werden.

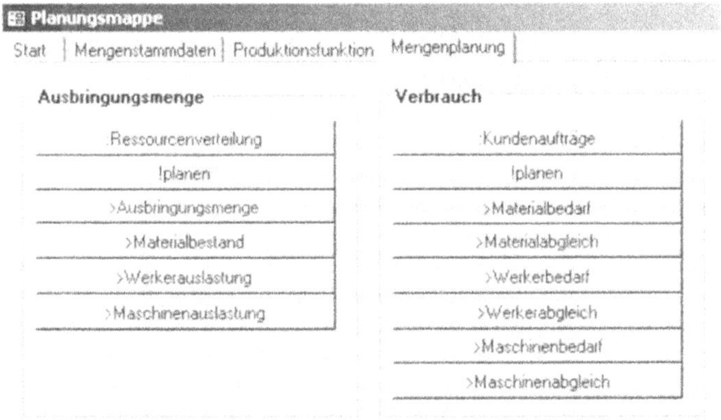

Abbildung 7.18: Planung

Die letzte Registerkarte Mengenplanung erlaubt die alternative Durchführung einfacher Planungsvorgänge (vgl. Abbildung 7.18). In der Rubrik **Ausbringungsmenge** wird auf Basis der Produktionsfunktion und in der Rubrik

Verbrauch auf Basis der Verbrauchsfunktionen geplant. Im ersten Fall werden zunächst die verfügbaren Faktoreinsatzmengen auf die Endprodukte verteilt. Der Planungsvorgang besteht darin, die möglichen Ausbringungsmengen zu berechnen sowie die noch verfügbaren Materialbestände und die Kapazitätsauslastungen anzuzeigen.

Im zweiten Fall geht es darum zu überprüfen, ob ein gegebenes Kundenauftragsvolumen produziert werden kann. Nach Eingabe der Kundenaufträge wird geplant. Für alle Produktionsfaktoren wird der Bedarf ermittelt und mit den verfügbaren Faktoreinsatzmengen abgeglichen. Falls in den Tabellen **Materialabgleich**, **Werkerabgleich** und **Maschinenabgleich** nur positive Werte stehen, können alle Kundenaufträge erledigt werden. Anderenfalls muß das Auftragsvolumen reduziert werden.

Die Osnabrücker Lernfabrik soll verdeutlichen, wie die Aufgaben der Produktionsplanung und –steuerung mit Hilfe einer relationalen Datenbank durchgeführt werden können. Ein praxistaugliches Planungsinstrument geht über den hier geschilderten Umfang weit hinaus.

Aufgabe 7.1: Entwicklung eines relationalen Schemas

a) Überführen Sie die ER-Diagramme aus den Abbildungen 7.11 und 7.15 in ein relationales Schema.

b) Tragen Sie in die Tabellen aus Abschnitt 7.3.2 die Daten der Produktion des drei- und vierbeinigen Hockers vollständig ein.

Literaturhinweise:

Chen, P. P. (Hrsg.), Entity-Relationschip Model: Towards a Unified View of Data, in: ACM Transactions on Database-Systems, Vol. 1 (1976).

Heuer, A., Saake, G., Datenbanken - Konzepte und Sprachen, Bonn 1997.

Scheer, A.-W, ARIS Business Process Modeling, 3. Auflage, Berlin 2000.

Schlageter, G., Stucky, W., Datenbanksysteme: Konzepte und Modelle, 2. Auflage, Stuttgart 1983.

Stahlknecht, P., Hasenkamp, U., Einführung in die Wirtschaftsinformatik, 9. Auflage, Berlin 1999.

Wedekind, H., Kaufmännische Datenbanken, Mannheim 1993.

8. Grundlagen der Produktionsprogrammplanung mit Hilfe der linearen Programmierung

8.1 Ein einfaches Beispiel und seine Lösung auf graphischem Wege

Die Aufgabe der Produktionsprogrammplanung besteht darin festzulegen, welche Erzeugnisse in welchen Mengen im Planungszeitraum zu produzieren und abzusetzen sind. Grundlage der Überlegungen bildet eine mehrstufige Mehrproduktartenfertigung, die mit Hilfe einer Leontief-Produktionsfunktion beschrieben werden kann. Dabei sind einerseits für die Produktion einer Produktart in der Regel mehrere Aggregate erforderlich, andererseits kann ein Aggregat für die Herstellung verschiedener Produktarten eingesetzt werden. Für die Produktionsprogrammplanung ergeben sich also Entscheidungssituationen, die durch mehrere denkbare Engpässe und mehrere mögliche Prozesse im Produktionsbereich gekennzeichnet sind. Derartige Aufgabenstellungen können mit Hilfe der *linearen Programmierung* gelöst werden. Die Vorgehensweise zur Erstellung eines linearen Programms wird im folgenden anhand eines Beispiels erläutert.

Es geht um die Bestimmung eines wöchentlichen Produktionsprogramms für einen Betrieb, der in der Lage ist, zwei Typen von Metallteilen aus Stahlblech herzustellen. Im Rahmen der vorhandenen Kapazitäten läßt sich der Bedarf an Stahlblech uneingeschränkt decken. Beide Produkte müssen die Arbeitsvorgänge "Stanzen" und "Pressen" durchlaufen. Um eine Mengeneinheit [ME] des Produktes 1 zu fertigen, werden an der Stanze 5 [min] benötigt, an der Presse 10 [min]. Das Produkt 2 muß pro Mengeneinheit 9 [min] auf der Stanze und 3 [min] auf der Presse bearbeitet werden. Die Stanze steht wöchentlich 2250 [min] zur Verfügung, die Presse 3000 [min]. Das Produkt 2 wird zusätzlich noch in einem Kunststoffbad mit einem Kunststoffmantel versehen. Dafür werden pro Mengeneinheit 2 [l] Kunststoff benötigt, von dem wöchentlich bis zu 400 [l] beschafft werden können. Da es sich bei dem betrachteten Betrieb um einen unter vielen handelt, kann er im Rahmen seiner Kapazität die Produkte uneingeschränkt zum Marktpreis absetzen. Für das Produkt 1 beträgt der Verkaufspreis 95,- [GE/ME] bei variablen Stückkosten von 45,- [GE/ME], für das Produkt 2 beläuft sich der Verkaufspreis auf 140,- [GE/ME] bei variablen Stückkosten von 80,- [GE/ME]. Die Zielsetzung des Betriebes ist die Maximierung des Deckungsbeitrags aus dem Verkauf seiner Produkte. Dabei müssen jedoch die durch die beschränkten Kapazitäten bedingten Restriktionen bei der Produktionsprogrammplanung berücksichtigt werden.

Der verbalen Formulierung der Aufgabenstellung für das Programmplanungsbeispiel entspricht die folgende mathematische Darstellung. Werden mit x_1 und x_2 die zu planenden Produktions- und Absatzmengen der Produkte 1 und 2 bezeichnet, gilt:

$50 \cdot x_1 + 60 \cdot x_2 \to$ max   Maximierung des Deckungsbeitrags als Zielfunktion,

(1) $10 \cdot x_1 + 3 \cdot x_2 \leq 3000$ Kapazitätsbedingung für die Presse,
(2) $5 \cdot x_1 + 9 \cdot x_2 \leq 2250$ Kapazitätsbedingung für die Stanze,
(3) $ 2 \cdot x_2 \leq 400$ Beschaffungsbedingung für den Kunststoff,
$x_1 \geq 0,\quad x_2 \geq 0$ Nichtnegativitätsbedingung für die Produkte.

Von allen nichtnegativen Zahlenpaaren (x_1, x_2), die den Ungleichungen (1) - (3) genügen, ist dasjenige gesucht, das die Vielfachensumme $50 x_1 + 60 x_2$ maximiert. Die Lösungsmenge stellt dabei ein Bild des im Beispiel zugrundegelegten Entscheidungsfeldes dar.

Streng genommen handelt es sich um ein ganzzahliges lineares Problem, d. h., die Variablen x_1 und x_2 dürfen nur positive ganze Zahlen annehmen. In der Regel werden die Ergebnisgrößen aber sehr groß sein, so daß der Fehler sehr klein ist, wenn das Ergebnis abgerundet wird.

Die mathematische Darstellung des Problems kann direkt aus der Leontief-Produktionsfunktion abgeleitet werden. Aus der Produktionsfunktion:

$$x_j = \max\{x_j \mid x_j \leq \frac{r_{ij}}{a_{ij}}; i = 1,...,n; j = 1,...,m\};$$

den Kapazitätsrestriktionen:

$$r_i = \sum_{j=1}^{m} r_{ij}; \quad i = 1,...,n; \quad j = 1,...,m$$

den variablen Stückkosten:

$$k_{vj} = \sum_{i \in FV_j} a_{ij} q_i; \quad i = 1,...,n; \quad j = 1,...,m$$

und den Preisen p_j läßt sich das Problem wie folgt beschreiben. Die Zielfunktion:

$$\sum_{j=1}^{m}(p_j - k_{vj})x_j$$

soll unter den Nebenbedingungen:

$$\sum_{i=1}^{n} a_{ij}x_j \le r_i \quad \text{und} \quad x_j \ge 0 \, ; j = 1,...,m$$

minimiert werden.

Zunächst wird die Vorgehensweise zur graphischen Darstellung der Lösungsmengen von linearen Nebenbedingungen mit zwei Variablen erläutert. Gegeben sei eine Ungleichung in der Form

$$a_{i1} x_1 + a_{i2} x_2 \lessgtr r_i.$$

Dabei sollen die Ungleichheitszeichen / das Gleichheitszeichen alternativ gelten.

1. Schritt:
Bestimmung der durch die Nebenbedingung festgelegten Geraden mit Hilfe der Schnittpunkte der Geraden mit den Koordinatenachsen. Der Schnittpunkt mit der 1. Koordinatenachse entspricht dem Zahlenpaar ($x_1 = r_i/a_{i1}$, $x_2 = 0$) und der Schnittpunkt mit der 2. Koordinatenachse dem Zahlenpaar ($x_1 = 0$, $x_2 = r_i/a_{i2}$). Ist die Nebenbedingung eine Gleichung, stellt die so bestimmte Gerade die Lösungsmenge graphisch dar. Für Ungleichungen ist noch der 2. Schritt durchzuführen.

2. Schritt:
Nullpunkttest für Ungleichungen. Wenn das Zahlenpaar (0, 0) die Ungleichung erfüllt, ist diejenige Halbebene, welche die in Schritt 1 bestimmte Gerade als Rand hat und den Nullpunkt enthält, eine graphische Darstellung der Lösungsmenge der Ungleichung. Erfüllt das Zahlenpaar (0, 0) die Ungleichung nicht, ist diejenige Halbebene, welche die in Schritt 1 bestimmte Gerade als Rand hat und den Nullpunkt nicht enthält, eine graphische Darstellung der Lösungsmenge der Ungleichung.

Wendet man diese Vorgehensweise auf die Nebenbedingungen des Beispiels an, ergibt sich die graphische Darstellung in Abbildung 8.1. Dabei sind jeweils die Halbebenen, die unterhalb der durch die Nebenbedingungen festgelegten

Geraden liegen, die graphische Darstellung der Lösungsmengen der einzelnen Nebenbedingungen (Nullpunkttest).

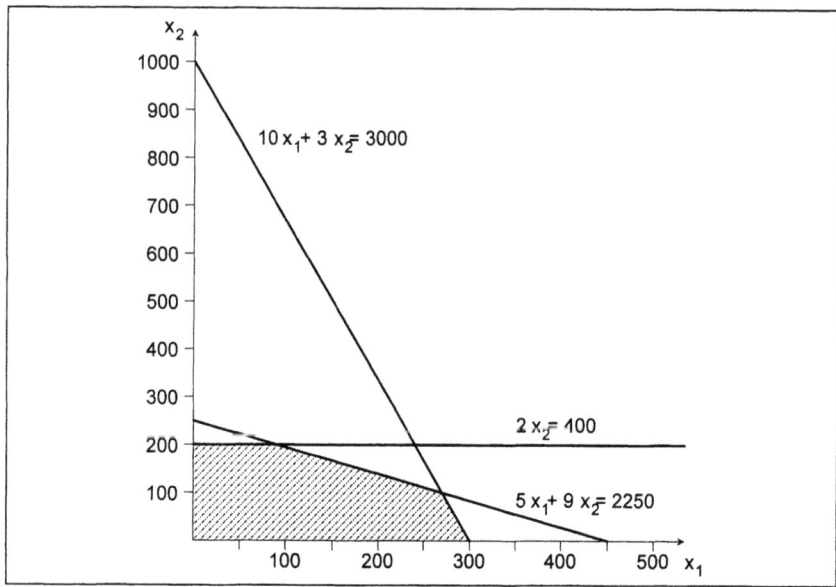

Abbildung 8.1: Graphische Darstellung des Entscheidungsfeldes

Punkte, die tatsächlich durchführbare Entscheidungsmöglichkeiten abbilden, müssen Zahlenpaaren entsprechen, die alle Nebenbedingungen und die Nichtnegativitätsbedingung erfüllen. Die Gesamtheit dieser Punkte ist die Schnittmenge der einzelnen Halbebenen, die durch die Ungleichungen festgelegt werden. Sie entspricht der schraffierten Fläche in der Abbildung 8.1 und ist die graphische Darstellung aller tatsächlich möglichen Paare von wöchentlichen Ausbringungsmengen.

Entscheidungsmöglichkeiten mit gleichem Zielerreichungsgrad lassen sich mit Hilfe der Zielfunktion darstellen. Die *lineare Zielfunktion* des Beispiels ist die Vielfachsumme

$50 x_1 + 60 x_2$.

Alle Zahlenpaare, die bei Einsetzen in diese Vielfachsumme einen festen Wert, etwa 12000, ergeben, lassen sich als Lösungen der Gleichung

$50 x_1 + 60 x_2 = 12000$

berechnen. Diese Gleichung ist die Bestimmungsgleichung einer Geraden, welche die Koordinatenachsen in den Zahlenpaaren ($x_1 = 240$, $x_2 = 0$) und ($x_1 = 0$, $x_2 = 200$) entsprechenden Punkten schneidet. Für den Zielfunktionswert 6000 ergibt sich die Gleichung

$$50 x_1 + 60 x_2 = 6000.$$

Die Gerade, die dieser Gleichung entspricht, schneidet die Koordinatenachse in den Punkten, die die Zahlenpaare ($x_1 = 120$, $x_2 = 0$) und ($x_1 = 0$, $x_2 = 100$) darstellen (vgl. Abbildung 8.2).

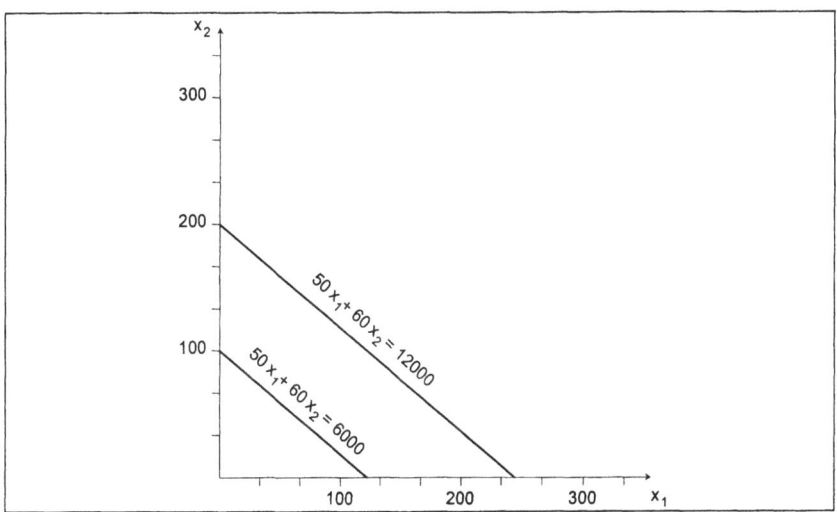

Abbildung 8.2: *Darstellung der Zielfunktion für verschiedene Zielfunktionswerte*

Führt man im allgemeinen Fall für den Zielfunktionswert die Variable z und für die Gewichtungsfaktoren die Parameter c_1 und c_2 ein, ergibt sich die Bestimmungsgleichung

$$c_1 x_1 + c_2 x_2 = z.$$

Die zugehörige Gerade schneidet die Koordinatenachsen in den Punkten, die ($x_1 = z/c_1$, $x_2 = 0$) und ($x_1 = 0$, $x_2 = z/c_2$) entsprechen.

An der expliziten Form dieser Gleichung

$$x_2 = -(c_1/c_2) x_1 + z/c_2$$

läßt sich ablesen, daß für unterschiedliche Zielfunktionswerte z Geraden entstehen, die wie im obigen Zahlenbeispiel parallel verlaufen. Sie haben alle die gleiche Steigung $-c_1/c_2$ bei unterschiedlichem absoluten Glied z/c_2. Bei Parallelverschiebung einer einzelnen Geraden fällt oder steigt der entsprechende Zielfunktionswert wie das zugehörige absolute Glied z/c_2. Im obigen Zahlenbeispiel sind Geraden, die einen Zielfunktionswert z < 12000 repräsentieren, Parallelen unterhalb der eingezeichneten Geraden für z = 12000. Geraden mit einem größeren Zielfunktionswert verlaufen oberhalb. Dieser Sachverhalt eröffnet einen Weg, die Auswahl der optimalen Entscheidungsmöglichkeit auf graphische Weise durchzuführen.

Wegen der Parallelität der Geraden muß es zwei äußerste Geraden geben, die noch mindestens einen Punkt mit der Punktmenge, welche die Lösungen des Ungleichungssystems darstellt, gemeinsam haben. Eine derartige äußerste Gerade berührt die Lösungsfläche entweder in einer Ecke oder längs einer ganzen Seite. Alle anderen Geraden verlaufen entweder ein Stück innerhalb der Lösungsfläche oder haben überhaupt keinen Punkt mit ihr gemeinsam.

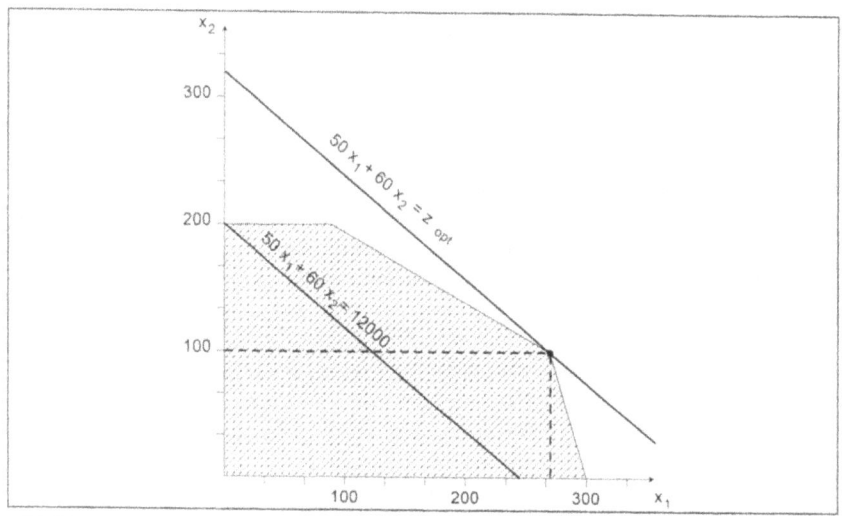

Abbildung 8.3: Graphische Lösung eines zweidimensionalen linearen Programms

Wie in Abbildung 8.3 zu erkennen ist, ergibt sich der optimale Zielfunktionswert z_{opt} für den Schnittpunkt der beiden Geraden $5 x_1 + 9 x_2 = 2250$ und $10 x_1 + 3 x_2 = 3000$. Dieser Schnittpunkt stellt das Zahlenpaar ($x_1 = 270$, $x_2 = 100$) dar. Er ist der Berührpunkt, den die Gerade $50 x_1 + 60 x_2 = 19500$ mit der Lösungsfläche des Ungleichungssystems des Beispiels hat. Die zweite Berührgerade (nicht eingezeichnet) geht durch den Nullpunkt und repräsentiert den Zielfunktionswert z = 0. Als optimale Lösung des Programmplanungsproblems ergibt sich eine wöchentliche Produktionsmenge von 270 [ME] des Produktes 1 und 100 [ME] des Produktes 2 bei einem geplanten, wöchentlichen Deckungsbeitrag von 19500 [EUR].

8.2 Das Simplexverfahren zur Lösung linearer Programme

Ein Betrieb, der sich mit Starkstromtechnik befaßt, kann in seinen drei Fertigungsabteilungen Ankerwickelei, Spulenwickelei und Endmontage die drei Produkte Elektromotoren, Transformatoren und Rotoren für Generatoren herstellen. Die Abteilung Endmontage arbeitet 40 Stunden [h] und die Ankerwickelei 48 [h] pro Woche. Die Kapazität der Spulenwickelei ist im Rahmen der betrachteten Situation nicht begrenzt. Die Ankerwickelei wird nur von zwei Produkten in Anspruch genommen, nämlich zur Erstellung von Rotoren mit 16 [h/ME] und von Elektromotoren mit 4 [h/ME]. In der Endmontage werden Transformatoren in 20 [h/ME] und Elektromotoren in 10 [h/ME] montiert. Schließlich werden Rotoren und Transformatoren einer Sicherheitsprüfung unterzogen, die 8 [h/ME] bzw. 16 [h/ME] in Anspruch nimmt. Die Prüfabteilung arbeitet 40 [h] pro Woche. Erzielen die Rotoren (Transformatoren, Elektromotoren) eine Deckungsspanne von 200 [EUR/ME] (300 [EUR/ME], 250 [EUR/ME]), und werden die von ihnen herzustellenden Mengen mit x_1 (x_2, x_3) bezeichnet, lautet das entsprechende lineare Programm zur Bestimmung des deckungsbeitragsmaximalen Produktionsprogramms:

$$
\begin{aligned}
200\,x_1 + 300\,x_2 + 250\,x_3 &= z \to \max && \text{(Deckungsbeitrag)}, \\
8\,x_1 + 16\,x_2 &\leq 40 && \text{(Prüfabteilung)}, \\
20\,x_2 + 10\,x_3 &\leq 40 && \text{(Endmontage)}, \\
16\,x_1 + 4\,x_3 &\leq 48 && \text{(Ankerwickelei)}, \\
x_1 \geq 0,\ x_2 \geq 0,\ x_3 &\geq 0 && \text{(Produkte)}.
\end{aligned}
$$

Die Überführung des angegebenen linearen Programms in ein Gleichungssystem geschieht durch Einführung von *Schlupfvariablen* genannten Platzhaltern für die in den einzelnen Abteilungen nicht genutzten Kapazitäten sowie durch Integration der Zielfunktion in das so aus den Nebenbedingungen entstehende Gleichungssystem:

(0) $200\ x_1 + 300\ x_2 + 250\ x_3 + 0\ x_4 + 0\ x_5 + 0\ x_6 -\ z = 0$
(1) $8\ x_1 + 16\ x_2 + 0\ x_3 + 1\ x_4 + 0\ x_5 + 0\ x_6 - 0\ z = 40$
(2) $0\ x_1 + 20\ x_2 + 10\ x_3 + 0\ x_4 + 1\ x_5 + 0\ x_6 - 0\ z = 40$
(3) $16\ x_1 + 0\ x_2 + 4\ x_3 + 0\ x_4 + 0\ x_5 + 1\ x_6 - 0\ z = 48.$

Dabei geben x_4, x_5 und x_6 die nicht genutzte Kapazität der Prüfabteilung, der Montageabteilung und der Ankerwickelei in [h] an. Das lineare Programm liegt in zulässiger kanonischer Form vor.

Das *Simplexverfahren* geht immer von einem Gleichungssystem der obigen Art aus. Aus Gründen der Übersichtlichkeit wird das Gleichungssystem jedoch nicht in seiner oben angegebenen expliziten Form verwendet, sondern wird als Tabelle formuliert:

	x_1	x_2	x_3	x_4	x_5	x_6	z	
GL (1)	8	16	0	1	0	0	0	40
GL (2)	0	20	10	0	1	0	0	40
GL (3)	16	0	4	0	0	1	0	48
GL (0)	200	300	250	0	0	0	−1	0

Da sich aus der Tabelle das Gleichungssystem in seiner expliziten Form stets rekonstruieren läßt, kann sie als Kurzschreibweise für das Gleichungssystem angesehen werden.

Ausgehend von diesem zulässigen kanonischen Tableau und der zugehörigen *Basislösung* $x_1 = 0$, $x_2 = 0$, $x_3 = 0$, $x_4 = 40$, $x_5 = 40$, $x_6 = 48$, $z = 0$, wird ein neues Tableau erstellt. Die Basislösung besagt, daß nichts produziert und folglich ein Deckungsbeitrag von null [EUR] erzielt wird. Die Kapazitäten werden natürlich nicht beansprucht, so daß die Schlupfvariablen den Kapazitätsobergrenzen entsprechen. Um der optimalen Lösung näherzukommen, muß ein neues Tableau erstellt werden, das drei Anforderungen zu genügen hat:

(a) Es muß in Kurzschreibweise ein Gleichungssystem darstellen, das zu dem ursprünglichen äquivalent ist.

(b) Es muß das direkte Ablesen einer zulässigen Basislösung des Gleichungssystems ermöglichen, also ein zulässiges kanonisches Tableau sein.

(c) Die entsprechende Basislösung muß für die Variable z einen größeren Wert als den bisher erreichten festlegen.

Zunächst soll untersucht werden, wie die Anforderung (c) erfüllt werden kann. Von der Problemstellung her ist klar, daß das bislang vorliegende Produktionsprogramm, bei dem ja nichts produziert wird, dadurch verbessert werden kann, daß das Produkt mit dem größten Zielbeitrag pro Mengeneinheit mit einer maximal möglichen Ausbringungsmenge in das Produktionsprogramm aufgenommen wird. Die Kapazität mindestens eines Einsatzfaktors wird dann vollständig genutzt. Dieser inhaltliche Sachverhalt entspricht formal der Tatsache, daß diejenige Variable einen positiven Wert erhalten sollte, die den größten Zielfunktionskoeffizienten besitzt. Mit jeder Erhöhung des Wertes dieser Variablen um eins steigt der Zielfunktionswert um den Wert des zugehörigen Zielfunktionskoeffizienten. Im vorliegenden Tableau ist x_2 die Variable mit dem größten Zielfunktionskoeffizienten, nämlich $c_2 = 300$. Der Wert dieser Variablen kann nur solange erhöht werden, als noch gewährleistet ist, daß keine der restlichen Variablen einen negativen Wert erhalten muß, damit das Gleichungssystem noch erfüllt werden kann. Der größtmögliche Wert der Variablen ist daher der kleinste Quotient, der bei Division der rechten Seite durch den jeweils zugehörigen Koeffizienten der Variablen in den Nebenbedingungen entsteht. Dabei werden nur Koeffizienten, die größer als null sind, berücksichtigt. Im vorliegenden Fall wird

$x_2 = \min(r_1/a_{12}, r_2/a_{22}) = \min(40/16, 40/20) = \min(5/2, 2) = 2$

gesetzt. Würde x_2 einen Wert größer als 2 erhalten, müßte mindestens eine der übrigen Variablen, nämlich x_4 und x_5, einen negativen Wert annehmen, damit das Gleichungssystem noch erfüllt ist. Eine solche Lösung ist wegen der Nichtnegativitätsbedingung aber nicht zulässig. Folglich ist die maximal mögliche wöchentliche Ausbringungsmenge an Transformatoren aufgrund der begrenzten Kapazität der Montageabteilung auf 2 [ME] pro Woche beschränkt. Wird $x_2 = 2$ gesetzt, muß $x_5 = 0$ gesetzt werden. Der Zielfunktionswert z steigt um $c_2 \cdot x_2 = 300 \cdot 2$, also $z = 600$. Dabei wird die Variable x_2, die bislang Nichtbasisvariable war, Basisvariable, und die bisherige Basisvariable x_5 wird zur Nichtbasisvariablen. Nur Basisvariablen können einen Wert ungleich null erhalten.

Zusätzlich zur Anforderung (c) sind auch die Anforderungen (a) und (b) erfüllt, wenn das neue Tableau so durch äquivalente Umformungen aus dem alten entsteht, daß aus ihm eine Basislösung abzulesen ist, die x_2, x_4, x_6 und z als Basisvariablen enthält und x_1, x_3 und x_5 als Nichtbasisvariablen. Als äquivalente Umformungen des Tableaus sind diejenigen Operationen zugelassen, die äquivalenten Umformungen des zugrundeliegenden Gleichungssystems entsprechen, also Multiplikation einer Zeile mit einem konstanten Faktor ungleich null oder Ersetzung einer Zeile des Tableaus durch die Summe dieser Zeile und einer der anderen Zeilen des Tableaus. Dabei sind die Summe und das Produkt elementweise zu bilden. Durch derartige Umformungen muß gewährleistet werden, daß in der zu der Variablen x_2 gehörigen Koeffizientenspalte in allen Zeilen nur Nullen erscheinen, bis auf die 2. Zeile, in der eine 1 erscheinen muß, während in der Spalte für die rechten Seiten in der 2. Zeile der Wert 2 stehen muß.

Wird diese Vorgehensweise auf die Zeilen des Tableaus übertragen, ergibt sich in Kurzschreibweise:

neue 2. Zeile := 1/20 · alte 2. Zeile,
neue 1. Zeile := alte 1. Zeile - 16 · neue 2. Zeile,
neue 3. Zeile := alte 3. Zeile - 0 · neue 2. Zeile,
neue Zielfunktionszeile := alte Zielfunktionszeile - 300 · neue 2. Zeile.

Führt man diese Umformung durch, erhält man als neues Tableau:

x_1	x_2	x_3	x_4	x_5	x_6	z	
8	0	-8	1	-4/5	0	0	8
0	1	1/2	0	1/20	0	0	2
16	0	4	0	0	1	0	48
200	0	100	0	-15	0	-1	-600

Dieses Tableau stellt in Kurzschreibweise ein Gleichungssystem dar, das zum ursprünglichen äquivalent ist. Die zugehörige Basislösung ist $x_1 = 0$, $x_2 = 2$, $x_3 = 0$, $x_4 = 8$, $x_5 = 0$, $x_6 = 48$ und $z = 600$. Sie läßt sich rein formal aus dem Tableau ablesen, wenn denjenigen Variablen, in deren Koeffizientenspalten mehr als ein Element ungleich null ist - hier x_1, x_3, x_5 -, der Wert null gegeben wird und den restlichen Variablen jeweils der Wert der rechten Seite derjenigen Zeile verliehen wird, in der die entsprechende Spalte den Koeffizienten 1 bzw. bei der Variablen z den Koeffizienten -1 hat. So erhält beispielsweise hier die Variable x_2 den Wert der rechten Seite der zweiten Zeile und die Variable x_4 den Wert der rechten Seite der ersten Zeile. Bei der Variablen z ist zu berücksichtigen, daß die zugehörige rechte Seite der Zielfunktionszeile den negativen Wert dieser Variablen angibt, da sie in dieser Zeile den Koeffizienten -1 hat.

Das neue Tableau ist wieder ein zulässiges kanonisches Simplextableau, da es sich durch Umnumerierung der Variablen in die entsprechende Form bringen läßt. Durch eine erneute Umformung dieses Tableaus kann man mit analogen Überlegungen wie bei der ersten Verbesserung versuchen, ein weiteres Tableau zu konstruieren, aus dem sich eine erneut verbesserte Lösung ablesen läßt. Die

Vorgehensweise ist dabei grundsätzlich die gleiche wie bei der ersten Verbesserung. Für die Anwendung des Verfahrens auf das 1. verbesserte Tableau gilt:

1. Schritt:

Neue Basisvariable wird die Variable x_1, da sie den größten Zielfunktionskoeffizienten im vorliegenden Tableau aufweist. Die zugehörige 1. Spalte wird als *Pivotspalte* bezeichnet.

2. Schritt:

Die Variable x_1 erhält den Wert 1, da gilt:

min { r_i/a_{1i} | i = 1, ..., m; $a_{1i} > 0$ } = min { r_1/a_{11}, r_3/a_{13} }
= min { 8/8, 48/16 } = 1.

Pivotzeile ist daher die 1. Zeile. Das *Pivotelement* als gemeinsames Element von Pivotspalte und Pivotzeile ist der Koeffizient $a_{11} = 8$.

3. Schritt:

Erstellung des 2. verbesserten Simplextableaus. Die erste Zeile (Pivotzeile) wird durch das Pivotelement $a_{11} = 8$ dividiert. Die übrigen neuen Zeilen ergeben sich aus den entsprechenden Zeilen des vorliegenden Tableaus, wenn man diese um ein geeignetes Vielfaches der neuen Pivotzeile verringert. Der Multiplikator wird dabei so gewählt, daß die neue Pivotspalte in allen diesen Zeilen nur Nullen als Elemente besitzt. Der geeignete Vervielfachungsfaktor ist daher für jede Zeile der Koeffizient dieser Zeile in der Pivotspalte. Als zweites verbessertes Simplextableau ergibt sich:

x_1	x_2	x_3	x_4	x_5	x_6	z	
1	0	-1	1/8	-1/10	0	0	1
0	1	1/2	0	1/20	0	0	2
0	0	**20**	-2	8/5	1	0	32
0	0	300	-25	5	0	-1	-800

mit der Basislösung

$x_1 = 1$, $x_2 = 2$, $x_3 = 0$, $x_4 = 0$, $x_5 = 0$, $x_6 = 32$ und $z = 800$.

Eine erneute Anwendung des Simplexverfahrens ergibt, daß nun das Element $a_{33} = 20$ Pivotelement ist. Es wird im obigen Tableau durch Fettdruck kenntlich gemacht. Als drittes verbessertes Simplextableau erhält man

x_1	x_2	x_3	x_4	x_5	x_6	z	
1	0	0	1/40	−1/50	1/20	0	13/5
0	1	0	**1/20**	1/100	−1/40	0	6/5
0	0	1	−1/10	2/25	1/20	0	8/5
0	0	0	5	−19	−15	−1	−1280

mit der Basislösung

$x_1 = 13/5$, $x_2 = 6/5$, $x_3 = 8/5$, $x_4 = 0$, $x_5 = 0$, $x_6 = 0$, $z = 1280$.

Da ein Zielfunktionskoeffizient ($c_4 = 5$) noch positiv ist, kann die Lösung weiterhin verbessert werden. Eine weitere Anwendung des Simplexverfahrens führt zum Pivotelement $a_{24} = 1/20$ und zu folgendem Simplextableau:

x_1	x_2	x_3	x_4	x_5	x_6	z	
1	−1/2	0	0	−1/40	1/16	0	2
0	20	0	1	1/5	−1/2	0	24
0	2	1	0	1/10	0	0	4
0	−100	0	0	−20	−12,5	−1	−1400

Diese Lösung ist nicht mehr zu verbessern, da die Zielfunktionszeile keine positiven Koeffizienten mehr enthält. Es stellt sich die Frage, welche Lösung für das reale Problem dem Optimaltableau zu entnehmen ist. Das formale Modell liefert die optimale Lösung

$x_1 = 2$, $x_2 = 0$, $x_3 = 4$, $x_4 = 24$, $x_5 = 0$, $x_6 = 0$, $z = 1400$.

Der Übergang von dieser formalen Lösung zur optimalen Lösung des realen Problems wird dadurch erreicht, daß den Variablen wieder diejenigen Sachverhalte zugeordnet werden, die durch sie abgebildet wurden.

In dem betrachteten Beispiel geht es um die Festlegung der wöchentlichen Produktionsmengen von Elektromotoren, Transformatoren und Rotoren. Bei der Formulierung des formalen linearen Modells stand x_3 für die wöchentliche Produktionsmenge an Elektromotoren, x_2 für die an Transformatoren und x_1 schließlich für die an Rotoren. Kehrt man nun diese Zuordnung unter Verwendung der optimalen Lösung des formalen Modells um, so folgt, daß wöchentlich 4 Elektromotoren, keine Transformatoren und 2 Rotoren hergestellt werden sollen. Dieses Produktionsprogramm führt zu einem wöchentlichen Deckungsbeitrag von 1.400,- EUR. Weiterhin ist zu fragen, welche ökonomische Bedeutung die Variablen x_4, x_5 und x_6 sowie die ihnen durch die optimale Lösung zugewiesenen Werte haben. Die zulässigen wöchentlichen Produktionsmengen wurden im formalen Modell durch ein System von drei Kleiner-Gleich-Ungleichungen abgebildet. Zur Anwendung des Simplexalgorithmus war es erforderlich, diese Ungleichungen durch Einführung von Schlupfvariablen in Gleichungen zu überführen. Für die Prüfabteilung ergab sich mit x_4 als Schlupfvariable folgende Nebenbedingung:

$8 x_1 + 16 x_2 + 0 x_3 + x_4 = 40$.

Aufgelöst nach x_4 folgt:

$x_4 = 40 - (8 x_1 + 16 x_2 + 0 x_3)$.

Der Wert der *Schlupfvariablen* ist also gleich der Differenz zwischen der maximalen wöchentlichen Kapazität in der Prüfabteilung und der tatsächlich ausgenutzten Kapazität. Die Schlupfvariable x_4 steht demnach für die nicht ausgeschöpfte Kapazität der Prüfabteilung. In gleicher Weise stehen x_5 und x_6 für die Leerzeiten in der Montage und der Ankerwickelei. Die Lösungswerte $x_4 = 24$ sowie $x_5 = x_6 = 0$ besagen also, daß in der Prüfabteilung wöchentlich 24 Stunden nicht ausgenutzt werden, während die Abteilungen Montage und Ankerwickelei durch das optimale Produktionsprogramm voll ausgelastet werden.

8.3 Die ökonomische Interpretation der Größen eines Simplextableaus

Zur Interpretation der übrigen Größen in einem Simplextableau bedient man sich einer in den Wirtschaftswissenschaften häufig vorkommenden Fragestellung: In welcher Weise verändert sich die Lösung eines Problems, wenn das Niveau jeweils einer Variablen um eine Einheit geändert wird (Grenzüberlegung)? Bei der ökonomischen Interpretation der Größen in einem Simplextableau wird diese Frage für die Änderung der Werte der Nichtbasisvariablen von null auf eins untersucht.

Ein Simplextableau stellt die Kurzschreibweise eines Gleichungssystems dar. Das in dem Optimaltableau des Produktionsplanungsproblems enthaltene Gleichungssystem soll nun explizit nach den Basisvariablen aufgelöst werden:

$$1 x_1 + 0 x_3 + 0 x_4 + 0 z = 2 + 1/2\ x_2 + 1/40\ x_5 - 1/16\ x_6$$
$$0 x_1 + 0 x_3 + 1 x_4 + 0 z = 24 - 20\ x_2 - 1/5\ x_5 + 1/2\ x_6$$
$$0 x_1 + 1 x_3 + 0 x_4 + 0 z = 4 - 2\ x_2 - 1/10\ x_5 + 0\ x_6$$
$$0 x_1 + 0 x_3 + 0 x_4 - 1 z = -1400 + 100\ x_2 + 20\ x_5 + 12{,}5\ x_6$$

Bei der Anwendung des Simplexalgorithmus werden, beginnend mit der Ausgangslösung, sukzessiv Basislösungen erzeugt, bis die optimale Lösung gefunden ist. Den Nichtbasisvariablen (im Beispiel x_2, x_5 und x_6) wird also jeweils ein Wert von null zugewiesen. Von der mathematischen Struktur des Gleichungssystems her können den Nichtbasisvariablen aber auch beliebige andere Werte zugeordnet werden, insbesondere kann also jeweils einer Nichtbasisvariablen der Wert 1 zugewiesen werden. Die hierdurch hervorgerufene Änderung der Lösung läßt sich dann unmittelbar aus dem Gleichungssystem ablesen. Ökonomisch besonders wichtig ist die resultierende Gewinnänderung, die durch die Koeffizienten c_j der Zielfunktionszeile angezeigt wird (Gewinnänderung = Änderung des Deckungsbeitrags). Wird in das obige Gleichungssystem für die Variable x_5 der Wert 1, für die Variablen x_2 und x_6 ein Wert von null eingesetzt, so folgt:

$1 x_1 + 0 x_3 + 0 x_4 + 0 z = \quad 2 + 1/40$

$0 x_1 + 0 x_3 + 1 x_4 + 0 z = \quad 24 - 1/5$

$0 x_1 + 1 x_3 + 0 x_4 + 0 z = \quad 4 - 1/10$

$0 x_1 + 0 x_3 + 0 x_4 - 1 z = -1400 + 20$

Die neue Lösung lautet also:

$x_1 = 2{,}025$, $x_2 = 0$, $x_3 = 3{,}9$, $x_4 = 23{,}8$, $x_5 = 1$, $x_6 = 0$, $z = 1380$.

Zu klären ist nun die Frage, welche ökonomische Ursache diese Änderungen hervorruft. Formal resultieren die Änderungen aus der Niveauänderung der Nichtbasisvariablen x_5. Die Schlupfvariable x_5 wurde in die zweite Nebenbedingung eingeführt. Der ihr zugewiesene Wert läßt sich daher als Leerzeit in der Montage interpretieren. Wird nun dieser Variablen willkürlich ein positiver Wert zugewiesen, so ist dies gleichbedeutend mit einer entsprechenden Verringerung der Kapazität. Die Niveauänderung der Variablen x_5 von null auf eins entspricht also ökonomisch einer Kapazitätsminderung in der Montage um wöchentlich eine Stunde.

Aus dieser Überlegung folgt als ökonomische Interpretation für die Lösungsänderung: Sinkt die Kapazität der Montageabteilung von 40 auf 39 Stunden in der Woche, muß eine Gewinneinbuße von 20,- [EUR] hingenommen werden. Diese Gewinnänderung resultiert aus einer Erhöhung der Produktion von Rotoren um 0,025 Einheiten (Gewinnzuwachs = 0,025 · 200 = 5) sowie aus einer Drosselung der Produktion von Elektromotoren um 0,1 Mengeneinheiten (Gewinneinbuße = $0,1 \cdot 250 = 25$). Die Leerzeit der Prüfabteilung sinkt wöchentlich um 0,2 Stunden.

Für diese Interpretationsmöglichkeit ist es natürlich nicht erforderlich, das Gleichungssystem explizit aufzuschreiben und nach den Basisvariablen aufzulösen, da die Informationen bereits im Simplextableau enthalten sind. Zu beachten ist nur, daß die Koeffizienten a_{ij} und c_j dort mit umgekehrtem Vorzeichen stehen.

Zusammenfassend ist festzustellen, daß die Koeffizienten a_{ij} einer Schlupfvariablen, die Nichtbasisvariable ist, sich in einem Produktionsplanungsproblem als *Anpassungskoeffizienten* interpretieren lassen. Sie geben an, in welcher Weise das Produktionsprogramm bei einer Kapazitätsminderung anzupassen ist. Der *originäre Dualwert* dieser Variablen gibt die Gewinnänderung an, die durch eine Kapazitätsverminderung um eine Einheit verursacht wird.

Ökonomisch liegt es nahe, die originären Dualwerte als Grenzgewinne der Abteilungen bzw. der Produktionsfaktoren zu interpretieren. Bei dieser Interpretation wird es häufig als störend empfunden, daß den originären Dualwerten im Simplextableau nichtpositive Werte zugeordnet werden, während für eine ökonomische Bewertung der Faktoren nur nichtnegative Werte in Frage kommen. Dieses Problem läßt sich aber leicht ausräumen, wenn man bedenkt, daß normalerweise bei solchen Grenzüberlegungen gefragt wird, welche Gewinnänderung durch eine Erhöhung des Faktoreinsatzes um eine Einheit hervorgerufen wird. In einem Simplextableau läßt sich dagegen unmittelbar nur die Gewinnänderung ablesen, die aus einer Verminderung der Faktorkapazität um eine Einheit resultiert. Es ist daher zulässig, die originären Dualwerte mit ihren absoluten Werten als *Grenzgewinne der Faktoren* zu interpretieren. Den Faktoren, die nicht voll ausgeschöpft werden, werden Grenzgewinne von null, den übrigen positive Grenzgewinne zugewiesen.

Das formale Modell läßt sich noch weiter analysieren. Im folgenden wird die Veränderung der optimalen Lösung des formalen Modells untersucht, wenn das Niveau der Variablen x_2 von null auf eins angehoben wird. Außerdem wird die Lösungsänderung ökonomisch interpretiert.

Wird in das nach den Basisvariablen aufgelöste Gleichungssystem für die Variable x_2 der Wert 1, für die restlichen Nichtbasisvariablen der Wert null eingesetzt, so folgt:

$1 x_1 + 0 x_3 + 0 x_4 + 0 z = \quad 2 + 1/2$

$0 x_1 + 0 x_3 + 1 x_4 + 0 z = \quad 24 - 20$

$0 x_1 + 1 x_3 + 0 x_4 + 0 z = \quad 4 - 2$

$0 x_1 + 0 x_3 + 0 x_4 - 1 z = -1400 + 100$

Die neue Lösung lautet:

$x_1 = 2{,}5, x_2 = 1, x_3 = 2, x_4 = 4, x_5 = 0, x_6 = 0, z = 1300$.

Ökonomisch entspricht der Wertänderung der Variablen x_2 die wöchentliche Produktion eines Transformators. Um die hierzu notwendige Kapazität verfügbar zu machen, muß das Produktionsprogramm entsprechend angepaßt werden. Statt 2 werden nun 2,5 Rotoren pro Woche hergestellt, d. h. 5 Rotoren innerhalb von zwei Wochen. Die Produktion der Elektromotoren sinkt von 4 auf 2 Einheiten. Die Kapazität der Prüfabteilung wird wesentlich besser ausgenutzt; die Leerzeit sinkt um 20 Stunden auf 4 Stunden pro Woche. Der Gewinn sinkt um 100,- [EUR]. Die Gewinnänderung läßt sich auch aus der Änderung des Produktionsprogramms ableiten. Die Herstellung eines Transformators bewirkt einen Gewinnzuwachs von 300,- [EUR], die eines halben zusätzlichen Rotors 100,- [EUR]; zusammen ergibt sich also ein Gewinnzuwachs von 400,- [EUR]. Durch die Drosselung der Elektromotorenproduktion um 2 Stück entsteht eine Gewinneinbuße von 2 · 250 = 500,- [EUR]. Die gesamte Gewinnänderung beträgt also -100,- [EUR]. Auch diese Informationen lassen sich unmittelbar dem Simplextableau entnehmen.

Die Koeffizienten a_{ij} einer Strukturvariablen, die Nichtbasisvariable ist, lassen sich in einem Produktionsplanungsproblem als Anpassungskoeffizienten interpretieren. Sie geben an, in welcher Weise das Produktionsprogramm geändert werden muß, wenn von dem durch die Nichtbasisvariable bezeichneten Produkt genau eine Einheit hergestellt werden soll. Der *derivative Dualwert* c_j dieser Variablen gibt die Gewinnänderung an, die durch die Produktion einer Einheit des j-ten Produktes verursacht wird; er kann daher als Grenzgewinn dieses Produktes interpretiert werden.

Zum Schluß dieses Abschnittes soll noch auf eine Beziehung zwischen den originären und derivativen Dualwerten hingewiesen werden. In der betriebswirtschaftlichen Kostenwerttheorie wird gezeigt, daß Produktionsfaktoren mit Grenzausgaben zuzüglich Grenzgewinnen zu bewerten sind, wenn sie über die Bewertung in die gewinnbringendsten Verwendungsrichtungen gelenkt werden sollen. In den Deckungsspannen eines Produktionsplanungsproblems, die in das Ausgangstableau eingehen, sind die Grenzausgaben für die Faktoren bereits berücksichtigt. Um von diesen pagatorischen zu den sogenannten wertmäßigen Deckungsspannen der Produkte zu gelangen, müssen noch die Grenzgewinne der Faktoren zur Bewertung der Produkte herangezogen werden. Hierzu sind von den pagatorischen Deckungsspannen die Grenzgewinne der Faktoren (absolute Werte der originären Dualwerte), multipliziert mit den jeweiligen Produktionskoeffizienten, zu subtrahieren. Für die wertmäßige Deckungsspanne des ersten Produktes (Rotoren) gilt dann:

$200 - (0 \cdot 8 + 20 \cdot 0 + 12,5 \cdot 16) = 0.$

Allgemein gilt, daß die wertmäßigen Deckungsspannen der Basisvariablen gleich null sind. Für das zweite Produkt berechnet sich die wertmäßige Deckungsspanne mit

$300 - (0 \cdot 16 + 20 \cdot 20 + 12,5 \cdot 0) = -100.$

Diese Ergebnisse lassen sich verallgemeinern: Die wertmäßigen Deckungsspannen der Produkte sind gleich ihren derivativen Dualwerten in einem Simplextableau. In den Produktionsplanungsbeispielen dieses Kapitels ging es allgemein darum, beschränkte Ressourcen (Produktionszeit der Abteilungen) optimal auf verschiedene Verwendungsrichtungen (Produkte) aufzuteilen. Dieser Typ linearer Programme wird als *Allokationsproblem* bezeichnet.

Aufgabe 8.1: Graphische Lösung eines linearen Programms

Ein Unternehmen stellt die Produkte 1 und 2 auf derselben Anlage her. Diese Anlage steht 50 [ZE] in der Woche zur Verfügung. Für die Herstellung des 1. Produktes werden 5 [ZE/ME] und für die Herstellung des 2. Produktes werden 10 [ZE/ME] benötigt. Ferner werden in die beiden Produkte zwei knappe Rohstoffe I und II eingearbeitet. Vom Rohstoff I stehen 30 [FE] pro Woche und vom Rohstoff II 16 [FE] pro Woche zur Verfügung. Zur Herstellung einer [ME] von Produkt 1 braucht man 5 [FE] des Rohstoffs I und 1 [FE] des Rohstoffs II. Um eine [ME] des Produktes 2 herzustellen, braucht man 2,5 [FE] von I und 4 [FE] von II. Der Verkaufspreis p [EUR/ME] ist für beide Produkte konstant und gleich. Gesucht wird das umsatzmaximale Produktionsprogramm. Bilden Sie das obige Problem als lineares Programm ab, und lösen Sie es auf graphische Weise.

Aufgabe 8.2: Simplexverfahren zur Produktionsprogrammplanung

Die wöchentliche Fertigungssituation eines Betriebes, der die Produkte A, B und C herstellen kann, läßt sich durch folgende Daten kennzeichnen:

	A	B	C		
Abteilung 1:	10.7	5.0	2.0	2705	maximal mögliche
Abteilung 2:	5.4	10.0	4.0	2210	Einsatzzeiten in
Abteilung 3:	0.7	1.0	2.0	445	[ZE]
Deckungsspanne in [EUR] pro [ME]	10	15	20		

Die Eintragungen in der Tabelle geben an, wieviele Zeiteinheiten zur Produktion eines der Produkte in den einzelnen Abteilungen verbraucht wird. Gesucht ist das unter diesen Bedingungen optimale Produktionsprogramm.

a) Bilden Sie das Problem durch ein lineares Programm ab.

b) Führen Sie Schlupfvariablen ein, und erstellen Sie ein zulässiges kanonisches Ausgangstableau.

c) Wenden Sie das Simplexverfahren auf dieses Ausgangstableau an, und ermitteln Sie die optimale Lösung. Interpretieren Sie Ihre Ergebnisse.

Literaturhinweise:

Dantzig, G.B., Lineare Programmierung und Erweiterungen, Berlin, Heidelberg, New York 1966.

Hilke, W., Zielorientierte Produktions- und Programmplanung, 4. Auflage, Neuwied 1993.

Jacob, H., Die Planung des Produktions- und Absatzprogramms, in: Jacob, H., Industriebetriebslehre, 4. Auflage, Wiesbaden 1990.

Witte, Th., Deppe, J.F., Born, A., Lineare Programmierung, Wiesbaden 1975.

Literaturverzeichnis

Adam, D., Entscheidungsorientierte Kostenbewertung, Wiesbaden 1970.

Adam, D., Planung und Entscheidung, Modelle-Ziele-Methoden, 4., vollst. überarb. u. erw. Auflage, Wiesbaden 1997.

Adam, D., Produktions-Management, 9., vollst. überarb. u. erw. Auflage, Wiesbaden 1998.

Bloech, J., Lücke, W., Produktionswirtschaft, Stuttgart, New York 1982.

Chen, P. P. (Hrsg.), Entity-Relationship Model: Towards a Unified View of Data, in: ACM Transactions on Database-Systems, Vol. 1 (1976).

Cordes, W., Produktion in der Eisen- und Stahlindustrie, in: Handwörterbuch der Produktionswirtschaft, hrsg. von Kern, W., ungekürzte Sonderausgabe, Stuttgart 1993.

Dantzig, G. B., Lineare Programmierung und Erweiterungen, Berlin, Heidelberg, New York 1966.

Ellinger, T., Haupt, R., Produktions- und Kostentheorie, 3. Auflage, Stuttgart 1996.

Fandel, G., Produktion I, Produktions- und Kostentheorie, 5. Auflage, Berlin, Heidelberg 1996.

Gutenberg, E., Grundlagen der Betriebswirtschaftslehre, Band 1, Die Produktion, 23. Auflage, Berlin u. a. 1979.

Heinen, E., Betriebswirtschaftliche Kostenlehre, 6. Auflage, unveränderter Nachdruck, Wiesbaden 1985.

Heuer, A., Saake, G., Datenbanken - Konzepte und Sprachen, Bonn 1997.

Hilke, W., Zielorientierte Produktions- und Programmplanung, 4. Auflage, Neuwied 1993.

Hoitsch, H.-J., Produktionswirtschaft, 2., völlig bearb. u. erw. Auflage, München 1993.

Jacob, H., Die Planung des Produktions- und Absatzprogramms, in: Jacob, H., Industriebetriebslehre, 4. Auflage, Wiesbaden 1990.

Jehle, E., Müller, K., Michael, H., Produktionswirtschaft, 5., überarb. und erw. Auflage, Heidelberg 1999.

Koch, H., Zur Frage des pagatorischen Kostenbegriffes, in: ZfB, 29 Jg. (1959).

Krycha, K.-T., Produktionstypologien, in: Handwörterbuch der Produktionswirtschaft, hrsg. von Kern, W., 2. Auflage, Stuttgart 1996, Sp. 1617-1629.

Leontief, W., Studies in the Structure of the American Economy, New York 1976.

Lücke, W., Produktionstheorie, in: Handwörterbuch der Produktionswirtschaft, hrsg. von Kern, W., Stuttgart 1979.

Müller-Merbach, H., Die Inversion von Gozinto-Matrizen mit einem graphenorientierten Verfahren, in: Elektronische Datenverarbeitung, Heft 7, 1969.

Rieper, B., Betriebswirtschaftliche Entscheidungsmodelle, Herne 1992.

Scheer, A.-W., ARIS Business Process Modeling, 3. Auflage, Berlin 2000.

Schlageter, G., Stucky, W., Datenbanksysteme: Konzepte und Modelle, 2. Auflage, Stuttgart 1983.

Schulze, J., Produktion in der Chemischen Industrie, in: Handwörterbuch der Produktionswirtschaft, hrsg. von Kern, W., ungekürzte Sonderausgabe, Stuttgart 1993.

Stahlknecht, P., Hasenkamp, U., Einführung in die Wirtschaftsinformatik, 9. Auflage, Berlin 1999.

Ulrich, H., Die Unternehmung als produktives soziales System, 2. Auflage, Bern und Stuttgart 1970.

Vaszony, A., Die Planungsrechnung in Wirtschaft und Industrie, Wien, München 1962.

Wedekind, H., Kaufmännische Datenbanken, Mannheim 1993.

Witte, Th., Produktionsfunktionen und ihre betriebswirtschaftliche Bedeutung, in: WISU, Heft 8 und 9, 1988.

Witte, Th., Heuristisches Planen, Wiesbaden 1979.

Witte, Th., Deppe, J.F., Born, A., Lineare Programmierung, Wiesbaden 1975.

Witte, Th., Materialbedarfsplanung, in: Handwörterbuch der Produktionswirtschaft, hrsg. von Kern, W., 2. Auflage, Stuttgart 1996, Sp. 1168-1183.

Zäpfel, G., Produktionswirtschaft, Operatives Produktions-Management, Berlin, New York 1982.

Stichwortverzeichnis

Allokationsproblem 139
Anpassung, intensitätsmäßig 88
Anpassung, zeitlich 88
Anpassungskoeffizient 137
Anwendbarkeit 42
Arbeitsleistung 41
Arbeitsplan 64
Arbeitsproduktivität 35
Attribut 109
Basislösung 130
Beschäftigung 49
Betriebsgröße 49
Betriebsleitung 41
Betriebsmittel 41
Beziehungstyp 108
Datei 106
Daten 105
Datenbank 105
Datenbankmodell 106
Datenbankverwaltungssystem 106
Datenfeld 110
Datenmodell 109
Datenstruktur 106
Deckungsspanne 32
Degressionseffekt 99
derivativer Dualwert 139
derivativer Faktor 41
Direktbedarf 112
Direktbedarfsmatrix 66
dispositiver Produktionsfaktor 40
effizienter Punkt 54
Einsatzzeit 80
Einzelfertigung 28
elementarer Produktionsfaktor 40
Elemente 23
Endbedarfsvektor 68
Energietechnik 26, 27
Entity-Relationship-Ansatz 106
Entitytyp 107
entscheidungsparameter-abhängiger
    Einsatzfaktor 40
ER-Diagramm 107
Erdölraffinerie 27
Erklärungsaufgabe 43
ER-Modell 112
Ertragsgesetz 77
ertragsgesetzliche Produktionsfunktion .. 76

Faktorpreis 44, 49, 101
Faktorqualitäten 47, 49
Fertigungsformen 28
Fertigungstechnik 26, 30
fixe Faktorart 99
fixe Kosten 98
Fließfertigung 27, 30
Formalziel 31
Funktion 74
Gebrauchsfaktor 80
Gesamtbedarfsmatrix 68
Gesamtverbrauchsfunktion 84
Gestaltungsaufgabe 43
Gewinn 32
Gozintograph 63, 66
Grenzgewinn 137
Grenzkosten 100
Gutenberg-Produktionsfunktion 80
Handhabbarkeit 43
Informationsbedarf 111
Intensität 80
Isokostenlinie 56, 77
Isoquante 55, 57, 77, 88
Klassifikation 103
Koeffizientenmatrix 67
Kosten 43
Kosteneinflußgrößen 43, 48
Kostenfunktion 43, 46, 75
Kostengebirge 87
Kostentheorie 43
Kunststoffbeispiel 38
Lenkungsfunktion 44
Leontief-Produktionsfunktion 51
Limitationalität 39, 51
lineare Programmierung 123
lineare Zielfunktion 126
Massenproduktion 29
Maximumversion 34, 57
Mengen-Kosten-Leistungsfunktion 86
Merkmalsausprägung 110
Merkmalsprofil 30
Minimalkostenfunktion 47
Minimumversion 34, 57
Möbelfabrik 18
Modell 15, 106
Modellbildung 104
Montage 19, 20

Normalisierung..................107, 111
Nullpunkttest................................125
Oberartikel.....................................113
ökonomische Verbrauchsfunktion.....82, 86
ökonomisches Prinzip........................45
Organisation....................................41
Organisationsform der Fertigung...........27
originärer Dualwert.........................137
originärer Faktor..............................41
pagatorischer Kostenbegriff................45
Periodengewinn................................32
Pivotelement..................................133
Pivotspalte....................................133
Pivotzeile.....................................133
Planung...41
Potentialfaktor................................41
PPS-System....................................102
Problemlösung..................................15
Problemorientiertheit........................43
Produktionsfunktion.......................36, 43
Produktionsfunktion vom Typ A............77
Produktionsfunktion vom Typ B......80, 81
Produktionskoeffizient........................33
Produktionsprogramm........................49
produktives System........................23, 33
Produktivität..................................33
Prozeßstrahl..............................54, 58
Realitätsnähe............................40, 43
Redundanz....................................111
Reihenfertigung................................27
Relation...............................37, 46, 74
Relationenmodell............................106
Relationship...................................107
Repetierfaktor..................................42
Sachziel...31
Schlupfvariable.........................129, 135
Schlüsselattribute............................109
Serienfertigung................................28
Simplexverfahren.....................129, 130
Stückliste..........................63, 112, 115
Substitutionalität........................39, 75
Subsystem......................................24
System..23
Systemtheorie............................23, 24
Tabelle...110
technische Verbrauchsfunktion.............80
technisch-physikalische Leistung..........80
Teilefertigung..................................19
Teilelager......................................20

Theorie...15
Unterartikel...................................113
variable Stückkosten........................100
Verbrauchsfaktor..............................80
Verfahrenstechnik.................23, 27, 30
Verrechnungsfunktion........................44
Werkstattfertigung......................27, 29
Werkstoff..................................41, 49
wertmäßiger Kostenbegriff..................45
Wirtschaftlichkeit.............................34
Wirtschaftlichkeitsprinzip..............34, 56
Ziele..31
Zielsystem......................................32
Zweck..31

SCHRIFTEN ZUR PRODUKTION
Herausgegeben von Thomas Witte und Bernd Rieper

Band 1   Norbert Heimann: Betriebliche Systeme der Arbeitssicherheit. Grundlagen und Gestaltung. 1985.

Band 2   Klaus Neumann: Betriebliche Umweltschutzplanung mit Hilfe der Simulation. Ein integrierter Planungsansatz mit Anwendung auf einen landwirtschaftlichen Betrieb. 1985.

Band 3   Jürgen Overfeld: Produktionsplanung bei mehrstufiger Kampagnenfertigung. Untersuchung zur Losgrößen- und Ablaufplanung bei divergierenden Fertigungsprozessen. 1990.

Band 4   Peter Feil: Die wissensbasierte Lagerhaltungssimulation zur Unterstützung einer verbrauchsgesteuerten Disposition. 1992.

Band 5   Bernd Rieper / Thomas Witte: Grundwissen Produktion. Produktions- und Kostentheorie. 1992. 5., korrigierte Auflage. 2005.

Band 6   Jutta Brockhage: Produktionsplanung und -steuerung in einer Großreparaturwerkstatt mit objektorientierter datengetriebener Simulation. 1994.

Band 7   Kai-Uwe Lindner: Datengetriebene Simulation in der Fertigung. 1994.

Band 8   Bernhard Behrens: Computergestütztes Ausgaben-Controlling bei der Beschaffung komplexer Produktionssysteme am Beispiel des Rohkarosseriebereichs im Automobilbau. 1994.

Band 9   Claudia Haarmann: Kosteninformationen durch Simulation. 1994.

Band 10 Matthias Clemens: Entscheidungsorientierte Beschaffungskostenrechnung. 1995.

Band 11 Klaus Helling: HANDUM - Ein Informationssystem für die Umweltberatung. Entwicklung eines Umweltinformationssystems für die Umweltberatung durch Handwerkskammern. 1996.

Band 12 Thorsten Claus: Objektorientierte Simulation und Genetische Algorithmen zur Produktionsplanung und -steuerung. 1996.

Band 13 Andreas Knaden: Benutzerorientiertes Prototyping. Ganzheitliche Applikationsentwicklung am Beispiel des computergestützten Ausgaben-Controlling bei der Beschaffung von Produktionsanlagen im Automobilbau. 1997.

Band 14 Monika Altmeyer: Gestaltung von Produktionskooperationen. Ein Verfahren zur Generierung, Bewertung und Auswahl von Strategien für horizontale zwischenbetriebliche Produktionskooperationen. 1997.

Band 15 Rolf Bergmann: Lohndifferenzierung bei betrieblicher Gruppenarbeit am Beispiel der deutschen Automobilindustrie. 1998.

Band 16 Dirk Maroni: Produktionsplanung und -steuerung bei Variantenfertigung. Eine komplexitätsbasierte Betrachtung. 2001.

Band 17 Astrid Röhrs: Produktionsmanagement in Produktionsnetzwerken. 2003.

Band 18 Joost Garen: Mehrzieloptimierung betriebswirtschaftlicher Probleme durch evolutionäre Algorithmen. 2005.

www.peterlang.de

Nina Kuntschik

Steuerliche Gewinnermittlung und IAS/IFRS am Beispiel immaterieller Vermögenswerte

Insbesondere Forschungs- und Entwicklungskosten und Geschäftswerte

Frankfurt am Main, Berlin, Bern, Bruxelles, New York, Oxford, Wien, 2004.
XLIV, 240 S.
Europäische Hochschulschriften: Reihe 2, Rechtswissenschaft. Bd. 4045
ISBN 3-631-53223-7 · br. € 51.50*

Ausgangspunkt der Arbeit ist die zunehmende Kritik am Maßgeblichkeitsprinzip des § 5 Abs. 1 EStG. Die Autorin untersucht die steuerliche Eignung der IAS/IFRS am Maßstab der verfassungsrechtlichen Anforderungen an ein ordnungsgemäßes Steuerbilanzrecht und verdeutlicht dies am Beispiel der Bilanzierung von Forschungs- und Entwicklungskosten sowie Geschäftswerten. Dabei kommt sie zu dem Ergebnis, dass die IAS/IFRS formell und materiell steuerlich ungeeignet sind und de lege ferenda ein eigenständiges Steuerbilanzrecht die bestmögliche Lösung der bestehenden Probleme darstellt.

Aus dem Inhalt: Vergleich der Gewinnermittlung und Bilanzierung immaterieller Vermögenswerte nach EStG und IAS/IFRS · Untersuchung der steuerlichen Eignung der IAS/IFRS

Frankfurt am Main · Berlin · Bern · Bruxelles · New York · Oxford · Wien
Auslieferung: Verlag Peter Lang AG
Moosstr. 1, CH-2542 Pieterlen
Telefax 00 41 (0) 32 / 376 17 27

*inklusive der in Deutschland gültigen Mehrwertsteuer
Preisänderungen vorbehalten

Homepage http://www.peterlang.de

www.ingramcontent.com/pod-product-compliance
Ingram Content Group UK Ltd.
Pitfield, Milton Keynes, MK11 3LW, UK
UKHW021830140426
5217IPUK00021B/1361